圖解 線上賞屋 的買房實戰課

Ted 著____

房價走勢 × 看屋心法 × 議價重點

43 個購屋技巧大公開！

CONTENTS

PART 1 買房是大事，這些觀念一定要有！

PART 4 從下訂到入住，這些都是你的權益！

PART
5
你可能想知道！
其他關於房屋的知識

推薦序①

做好功課，為自己買一個家

偶像型 YouTuber　Joeman

在開始聊聊 Ted 之前，想先跟各位聊聊我買房的心路歷程，說真的，十年前的我壓根就不想買房！當時的我覺得男人如果有錢，就應該要先買車，最好是超跑，像是法拉利、藍寶堅尼、保時捷，任何一個品牌對我來說都比房子更加有吸引力。

如果不是很有錢，弄一台小車假日到處走走也很舒服，台北的房子那麼貴，我根本買不起蛋黃區！蛋白區又各種不方便，為什麼要屈就自己？以上是十年前我剛出社會時的真實想法。

然而我媽可不這麼想，我打從決定要在大台北工作後，過年過節她就會耳提面命的提醒我要買房，因為老人家覺得買房就是存錢，有房子才安定，然而我都是敷衍帶過。我從高中就開始在外租屋念書，租房子租了那麼多年，雖然坪數小、裝潢簡陋，但直男房間只要有床跟網路，冷氣只要會冷，就很滿足了，從來沒想過要在台北看房。直到有一天我受不了媽媽的碎碎念，賭氣的回她：「妳去幫我看房，如果買得起我就買！」當下只是為了不想再被煩，也不覺得老媽會多認真，沒想到，我媽還真的在假日從台南上台北，跟姐姐兩個人幫我看房。

當時我在中和工作，但中和、永和跟板橋都太貴了，於是媽媽鎖定新莊頭前重劃區一間小坪數的房子，說就買這個，我看都沒看就問說「多少錢」，總價雖然不高，但光頭期款就幾乎把我出社會存的錢花光，但我個性很倔強，心想既然都答應了，不然就買吧！這中間的過程包含殺

價跟看樓層、面向，都是我媽處理，我基本上只是負責簽字跟付錢，根本搞不清楚自己買了怎樣的物件，最後就這樣糊里糊塗在人生 25 歲時買了第一間房。

這樣的年紀買房的確是領先其他同溫層不少，但買房後的生活真的相當苦，因為沒了存款，每個月的薪資又要被房貸扣掉大半，我當時從買手機跟各種 3C 都不眨眼的人，變成每餐只要超過 200 元就覺得太奢華，而且也沒錢裝潢房子，只有簡單隔一間房間，放一張床跟電腦，幾乎沒有什麼家具。為了擁有這間房，我的物質生活下降許多，更不用說要買車了。

然而就從此刻開始，我慢慢體會到買房的美好，最直觀的感受就是這是我的「家」！以前租房子總是會覺得只是住處，很少用「家」來描述，但買了房子後，就會從內而外覺得這是自己的家（當然從會計的角度來說，貸款繳完之前，房子依舊是屬於銀行的），這種心理上的變化是很難言喻的，那種自己慢慢存錢買家具搬進去，一點一滴打造自己家園的感受是無可比擬的。

繳房貸很辛苦，但很踏實，房貸讓存款變很少，但也大幅度地增加我賺錢的動力，我開始體會到為什麼當初媽媽叫我無論如何先買房，雖然買的是二線建商品牌、又是小坪數，總價也不高，但家終究是家，為此我直到幾年後才有餘裕可以買車，買車的體驗也很好，但事後證明從財務的角度來看，先買房的確是更理性的行為。

即便擁有了第一間房，也很喜歡有家的感覺，但我也不覺得自己會跟房地產行業有什麼關聯，直到某個夜晚我照例在思索要拍什麼類型的影片，我的 YouTube 頻道專門介紹各種產品的開箱，從早期的 3C 開箱、玩具開箱，到後來各式各樣的體驗、美食，也開始做車子的開箱、奢侈品的開箱，在挖掘題材的過程中，我開始問自己，怎樣的開箱是大家想看的？怎樣的產品是大家骨子裡超想擁有的？此時我的腦海裡閃現出一個名詞「房地產開箱」！但房地產是一個我完全陌生的領域，如果要做

7

房地產的開箱，一定要找一個熟門熟路的人陪我一起，而這個人最好也理解新媒體，知道我是誰，願意陪我一起拍房地產，這時我第一時間就想到 Ted，也就是這本書的作者。哈哈，我們開始要進入正題了！

透過影片，讓更多人認識房地產的世界

我跟 Ted 認識也好幾年了，當時是一起拍攝空拍機的影片，那時他有提到自己的工作是房地產相關行業，一切細節我都不清楚，單純只是想拍房地產開箱，我就敲了他，問他有沒有興趣，這才發現他的「35 線上賞屋」早就做了各式各樣極盡專業的房地產開箱影片，完全就是我要找的黃金搭檔！也感謝 Ted 熱情支援，我們兩個一拍即合，經過幾次討論後就拍了第一集的《Joe 是要看房》，主題目標是放在淡水，因為當時我覺得若要做看房節目，應該要看一些大家買得起的，而淡水當時的房價介於 1 字頭到 2 字頭，在大台北地區還算相對親民。這集節目上傳後，其反響程度超乎預期，一天的時間內就衝上了全台灣的發燒第二名，總點閱率在一週內就超過百萬！

在此之前，從來沒有房地產影片可以有這麼高的發燒名次！這樣的好成績也鼓舞了我跟 Ted 繼續拍攝更多看房影片，從破億的豪宅到山上的莊園，各種題材跟類型我們都勇於嘗試，這個節目也為我跟 Ted 帶來十分可觀的能見度。

在這一年來拍攝看房節目的過程中，我對於台灣的房地產市場也有更進一步的了解，而教導我這些大小知識的人正是 Ted。作為房地產的從業人員，Ted 從土地開發到房屋銷售、代銷、行銷甚至裝潢等都有涉略，幾乎任何房地產的問題，只要問他都能馬上回答，完完全全的老江湖。很多時候我都會慶幸自己竟然有他這樣一個好朋友，讓我在房地產上少走了很多冤枉路，一聽到他要出書教大家看房地產，真心覺得他超級適合，這本書絕對是邁入台灣房地產的最佳指南！

　　時至今日，貨幣寬鬆，萬物齊漲，股市跟房市在 2020 年都有很可觀的漲幅，而近期台灣政府也因應民眾反彈而草擬了許多打房策略，所以如果你問我在台灣買房是否必漲？是否可以投資？我會說要三思！但老話一句，如果是要自住，我覺得只要做好功課，真的很值得買一個家給自己。而如何做好功課呢？繼續往下翻，Ted 這十幾年來的房地產知識寶典正在等著你！

推薦序②

沒有傘的孩子，那就向前跑吧！

合砌建築開發部部長　王子誠

2017 年的農曆年，我接到了一通電話：「兄弟，我有一個偉大的計畫，想跟你討論！我覺得有搞頭，一定可以改變現在不動產的生態！」

當時的我聽完了他的計畫，深深地被打動，也竭我所能地分享我從事不動產所經歷過的一切學能；而這個計畫的第一步，就是您們現在所看到的訂閱人次超過 25 萬的「35 線上賞屋」！

儘管當時的我倆什麼資源也沒有，沒有人脈、沒有背景、沒有資源、什麼都沒有，連想拉贊助找資金買器材，都是到處碰壁；可是我知道他——我這個兄弟一直以來，的確是個敢發夢、也全力逐夢的雙魚座，他總是有許多奇想、也充滿創意，最重要的，在當初那個孤立無援的起跑點上，既然我們什麼都沒有，那就先幹再說，但求人生無悔！

「沒有傘的孩子，那就向前跑吧！」尤其他是這麼一個忠於自我信念的傢伙，他的最高指導原則就是，建商可以透過這個網路平台，達到影音廣告的效果；但是，不准有任何對拍攝內容的修改權！因為這是他的平台、他的觀點，而這才是最真實的呈現！

我很幸運可以在他的人生和夢想裡，一直扮演支持的角色，也見證了這一切從無到有的過程，一路上他每一步是走得多麼踏實、多麼不容易。時至今日，我依然對他當時的信念得以實踐至今，感到十分驕傲，因為他的確做到了「莫忘初衷」四個字。

我想我應該是寫推薦序裡最平凡的小人物吧！很榮幸接受 Ted 的盛

情邀約，可以在他人生第一本書裡留下祝福。這一代的你我，總是在現實與夢想裡掙扎，也許篳路藍縷、也許顛沛流離、也許一事無成；可是我仍堅信，我們做的每一個小小的決定和努力，都會帶領我們走向截然不同的風景，即使跌倒了，都想用最帥的姿態摔下去，因為，這終將成就每一個你我最獨一無二的故事。

我自己非常喜歡一段話，也想藉這個機會跟 Ted 和所有讀者一起分享：「如果你看不慣這世界，那就去跟這世界好好地幹一架吧！」就算我們窮盡一生也無法成為那個小時候嚮往的大人，但也絕不要成為自己當初最討厭的那種大人。

「等你回頭時，一定會是微笑著吧！」我如是想。

2021 年的 4 月，距離當初陪著 Ted 發夢、四年後的今天，誠摯地祝福我的兄弟，「保持初心，繼續真誠地追求並善待夢想」；而我，也會在我堅守的土地開發領域裡耐心耕耘，期待更好的我。

「兄弟，我們山頂見。」

推薦序③

不再迷航，透過本書買到好房子

麗寶集團麗源建設總經理　吳寶結

營造業，是產業的龍頭，帶動了經濟的發展與未來。一個簡單的建案，牽一髮而動全身，關係到百業的供給與上千個以上的工作機會。

未來房市的發展不可限量，因為這永遠是人們的剛性需求，人可以不追求 Hermes 的 Birkin，能夠不嚮往 Porsche 911 的引擎脈動，但誰都無法沒有一個家。

家，是出發的起點與回去的歸宿，是人們心之所向的信念。就像潘美辰所唱的：「我想有個家，一個不需要華麗的地方。」但在全台灣如雨後春筍冒出來的建案中，廣告宣傳浮誇的字句以及合約內繁雜的文字，是否讓購屋者頓時迷失了方向？這本書能給迷惘的人們一盞指引的明燈。

第一次看到 Ted 時，覺得這個人笑起來眼睛瞇瞇的、身材魁梧，是個談吐樸實的大男孩。初來乍到，還對代銷的商業模式懵懵懂懂，他充滿著熱情做任何事，也想嘗試用不一樣的方法去詮釋與表現，當時用自身獨特的觀點，為案子做了空拍及社造活動的影片簡介，讓大家耳目一新。

歲月如梭，Ted 成為了數十萬人追蹤的 YouTuber，事業也跨及了仲介、裝潢、智慧家庭以及驗屋公司，經過這些年的時光，他累積了許多的實戰經驗與獨到想法。

在這本書中，有基本的買房知識與導航，能指引在房市中迷航的人，也希望你能藉此書找到所需的方向，買到最適合的好房子。

推薦序④

在房地產市場中，打好手中的牌

前土地銀行副總經理　阮劍平

看到這本書就想起一句名言：「活著，就改變世界。」

台灣的房地產從沒停止改變過，60、70 年代，買房子這件事就是給自己找一個歸宿，一個溫暖的窩。

「有土斯有財」，隨著經濟起飛，90 年代中期以來，房地產行業迅速發展，建設公司、房屋仲介公司等如雨後春筍般成立，也推動台灣經濟的發展。

無論是自己使用的房產，或是當作金融商品、投資標的，回歸本質，房子就是房子，土地就是土地。曾經買房子只是在買地段，回想 90 年代的台北民生社區，一坪不到 30 萬，現在是 90 萬，總歸還是回到 Location、Location 、Location ，「地段」的重要性至今沒變過。但現在除了好地段以外，重要的是房屋本身的好品質、一流的營建、良好的動線、生活機能，甚至是有效的制震等。在同樣的地段，新大樓跟 30 年的老屋相比，一坪價差可達到 30 萬元 ，甚至更多。

現在的媒體和以往相比，影響力也大不同，網路世代資訊大爆炸，改變了過去的行銷模式，這是在 Ted 身上可以看見的光芒。房地產一直在改變，社會、科技、生活型態都瞬息萬變，就連法規都不停地在變，因為永遠不會有「完美」。這本工具書，也是為了這個世代的生態而存在。

本書最終要跟大家分享的是：「關鍵不在於是否拿了一副好牌，而在於如何打好一副壞牌。」

推薦序⑤

為大眾指點迷津，
找到購屋的勝利方程式！

愛酷智能科技董事長暨成就投創合夥人　黃泰勛
（AccuHit Achievement Investment　David Huang）

從認識 Ted 以來，就覺得他身上匯集了三種難得的能力：「行動力＋實在力＋歡聚力」。

從他嚷著要寫書到這本書完成，這速度快到讓人瞠目結舌，這就是 Ted 的行動力。其次，整本書句句公道實在，不偏不倚地呈現了台灣房地產界該有的基本知識與務實建議，儼然成為首購族的最佳工具書，這就是 Ted 的實在力。

也因為 Ted 的做人處事、好人緣，擁有讓夥伴們開心凝聚的個人魅力，讓我們都願意陪伴他推動 35 線上賞屋的相關事業（也被他凹來寫序，哈哈），這就是 Ted 的歡聚力。

這三種能力不只在本書上可以窺見一二；在敝人時不時欣賞 35 線上賞屋的影片（當個小粉絲），及實際參訪房屋管家，感受 Ted 與夥伴們的服務熱忱時，還是能強烈地感受到這樣的團隊特質。我想，這就是 35 線上賞屋能如此成功的 DNA 吧！

敝人創辦 AccuHit 愛酷智能科技至今剛滿三年，公司也迅速成為了 Martech 領域的領導品牌；同時在台灣地產界推出的線上線下整合（OMO）、客戶大數據平台（CDP）等服務，也頗受市場好評。

　　細細回想，我們所堅持的文化：「敏捷創新、當責踏實、學習分享、快樂修正」，也跟 35 線上賞屋的創辦人 Ted 與其團隊特質，可謂不謀而合。

　　我知道，台灣需要更多上述特質的新創團隊來推動社會的進步。也預祝這本深入淺出的首購族神器，能為大眾指點迷津，一同找到購屋的勝利方程式！

作者序

讓想買房的你有收穫
——就是我的初衷

到書終於完成的今天，我都還不知道序要寫什麼（笑）。

我不常寫字或寫文章，因為我從小就是個很愛玩的人，想嘗試各式各樣的事情，但長大之後回想童年發現，我喜歡玩的、關注的東西，雖然跟文字搭不上邊，但幾乎都跟建築物有關。（所以，大家如果在本書裡看到什麼失誤，屬於自然現象！）

玩樂高喜歡蓋房子、蓋城堡、蓋遊艇碼頭；出門喜歡觀察房子、看建築物的形狀及高度，然後幻想自己未來也會蓋出一棟大樓；我曾交過一項作業，內容是我畫了一間百貨公司，規劃每層樓該賣什麼、有什麼樣的人，甚至連動線都有。但當時我根本不知道百貨公司是什麼樣子。

我就是這麼喜歡建築物，所以長大後找的工作也都和建築相關。出社會的第二份工作就是土地開發，然後又到建設營造公司、代銷公司，擔任開發業務跟企劃，一做就是 12 年，這些經驗累積下來，讓我從建築的工法、結構、土地與建造成本，到市場行情、建案行銷方案、產業現況等有相對全面的學習機會和深入了解的管道。

在產業裡待久了，愈來愈想要說自己想說的話。過去身為從業人員，我一定會有立場，立場又會讓我在工作、發表意見上有壓力，可能會因為需要銷售，或是在商業上謀求合作，用話術包裝真正想達到的目的。與其說是不誠實，更像是我沒辦法自由自在地說出真正的心聲與觀點。

這個行業有許多不透明的地方，導致交易產生糾紛，對喜歡房子及

建築業的我來說，總是對這件事情耿耿於懷。但我知道，自己應該要做點什麼，來解決買賣雙方之間的不透明，我想用我的方式跟大家解說「房市」是什麼，把過去相對不透明、不好懂的資訊，用清楚、輕鬆且易懂的說法，解釋給所有人聽。

於是，可以說是一個衝動之下，我辭職、放下所有的資歷，放下每個月固定會有薪水進來的安穩感，砍掉重練，用我的方式打造屬於自己的帝國。2017 年 9 月 6 日，我正式在 YouTube 上開設「35 線上賞屋」頻道（35 ＝賞屋的諧音，logo 則是特別設計接地氣的效果）。

目標很簡單，只是想創造更透明的房地產市場

一開始沒資源、沒人力，什麼都自己來，連空拍機、攝影機都是自己買、自己架、自己拍，算是投入我工作以來所有的積蓄，前後數百萬元，想一想很瘋，但我是個會夢想、也敢作夢的雙魚座，我覺得自己會成功。

那個成功很簡單，就是有一群需要我的人，他們想要學習不動產相關知識，可能不會很多，但沒關係，只要這群人看了我的內容後，可以更懂自己的需求、更懂房市，最後順利地買到好房子，成功打造自己的家，我的目標就達到了，就是這麼簡單。

這麼「簡單」的事，我走了一段不長也不短的路。頻道成立九個月，我才 1000 人訂閱；做到第二十個月才破 1 萬；2021 年 4 月，頻道滿四十個月了，已超過 26 萬訂閱。發生在其他人身上的猛爆性成長、一開張就有幾萬訂閱、一大堆廣告主馬上出現等，這種事沒發生在我身上。不過走到今天，我覺得正在靠近我的夢想、我想幹的大事，這是條很踏實的路。

換個角度來說，過去做員工，我服務的是單一企業、幾個主管，每件事都會因為企業立場與利益關係有所顧忌。但觀眾、粉絲甚至是正在

看這本書的你，因你們的存在，讓我轉型為「商人」，商品面向的是所有消費者，唯有你們滿意、信任我，我才有飯吃，所以我必須對大家負責及誠實，再進一步達成我理想中交易透明、買賣平等的房市狀況。

正因如此，我拍的每支影片、回應的每個問題，都一定要讓訂閱的觀眾們有收穫，這種工作模式與心態，讓我換取心理與實際工作上真正的自由，既然創業成為商人，我可以實踐自己的信念，每件事情的取捨或作為，都掌握在我手裡。

這當然也是有好有壞，比起從前，既然要服務眾人，我勢必會被放大檢視，我也會聽到更多正反兩面不同的意見與聲音，必須轉化為團隊反省或修正的動能，這是作為意見領袖的宿命與責任，我有必要承擔與接受。

有人問我，接下來還有什麼想做的事？再說個敢作夢的話，我希望打造一個從取得土地開始，成本、開發、製造過程、銷售價格到交易過程都完全透明的建案，我想用我的方法讓交易變得更平等、更簡單、更透明，我賺我該有的利潤、你獲得你看得懂且信任的產品。這是從開創頻道第一天時就有的想法，我希望它三年內真的能實現。

最後，雖然是老話，但很真心。現在的成績讓大家開始知道我是誰，要謝謝一路上支持我的人、我的團隊，當然還有家人與我自己。謝謝你們！希望每個踏入房市學習、買賣房屋的人，「35 線上賞屋」能為你們帶來一點幫助。

最後，祝福每個人都可以順利地打造舒服且屬於自己的家。

沒有十全十美的房子，但是你一定買得到適合你的房子！

35 線上賞屋

PART 1

買房是大事，
這些觀念一定要有！

觀念 1

你為什麼想買房？
該做哪些功課？

　　「有土斯有財」聽起來有點老套，但確實是大部分新手想買房的一個重要動機。但買房對大部分的人來說，可是動輒數百、數千萬的人生大事，該怎麼準備、要做些什麼功課，往往讓人想來就覺得有點頭痛。

　　「如果有個人、有個課程、有本書，可以手把手的教我怎麼看房、買房做功課，那該有多好？」是我做這本書、拍影片、寫部落格的起心動念，想讓大家可以有系統、有效率的學習買房知識技巧，順利完成人生中的夢想清單。

▶ 先問自己：「為什麼想買房子？」

　　像我這種在台北市長大的孩子，也不一定買得起台北的中古屋，不像我父母那一代，努力工作賺錢是有很大機會能買房的。但我的經驗是，那些是他們犧牲 20、30 年生活品質換來的。時代氛圍已經在改變，現在很難再用以前那種拚命省錢的方式，來計算自己的買房規劃，這樣你會很痛苦，有時也會懷疑存錢的意義。

我父母在我小的時候，選擇購屋的地點是台北市民生社區，權狀約 36.16 坪、總價 1000 萬上下，換算下來 1 坪約 20 到 30 萬。但現在要到相同地點買類似條件的房子，我想沒有 3000 萬是絕對買不到的，甚至有可能買到屋齡更大的物件。

　　我必須誠實地說，現在大環境的就業與消費條件，整體來說並沒有 30 年前好，但是房價卻像是變了心的女友，一去不回頭。所以如果你很執意要買有地緣性、條件類似的產品，除非你是富二代、年薪 500 萬以上、中樂透，或是乾脆租屋，才有可能滿足這樣的條件。

　　買房可以滿足很多租房達不到的條件，比方按喜好來裝潢、滿足個人安全感等；租房則能免除房貸壓力，以較少的錢入住心中理想的房子，沒有對或錯，端看個人選擇。因此，如果你已經開始考慮買下人生第一間房子，除了想好「為什麼要買房子？」、「想達成什麼目標？」外，下列這三件事也得一併考量，才能挑出喜歡的產品。

⊙ 能拿出多少錢 ▶ 估出買房預算

　　如果下定決心要買房了，那我們得好好來考慮現實面的部分，第一個關鍵就是「依我的收入，可以買總價多少的房子？」這裡先不用算得很仔細，用一個大略的方式粗估「大概多少總價的產品，我可以負擔得起？」

　　如果預設雙薪加總月收入為 12 萬元，每人每月拿所得 1/3，作為每月要付的貸款金額，合計為 4 萬，回推 30 年房貸，貸款約為 1200 萬，應為總價八成左右，推估現在買房的受薪族群，總價多數落在 1500 萬上下。

這個例子當然不是絕對，我是抓個大概可以負擔，又能兼顧生活品質的數字區間。這個數字也沒有包括意外支出、生子費用或升遷調薪等，大家可以試試看用這樣的方法，粗估自己的合理負擔範圍，再用這個總價金額去尋找理想中的物件（請參考如下公式）。

35 房屋小知識 💬 **你能買多少錢的房子？（請自行填入金額）**

每月總收入 _____ 萬 × 1/3 = _____ （每月支付貸款金額）

_____ （每月支付貸款金額）× 12 個月 × 30 年房貸 = _____ （貸款總額）

_____ （貸款總額）× 100 ÷ 80（貸八成款）= 推算出你能買 _____ 萬的房子

▶ 想住的地區 ▶ 鎖定地段來找房

如果你認為自己目前沒有成家打算，空間需求小，但交通很重要，那麼黃金地段如台北市大安區、信義區的小套房，可能比較適合你；若是還沒孩子的夫妻，室內空間扣掉公設約 10 來坪、地段較貴的一房一廳或兩房一廳，這種格局規劃的產品也不錯。

如果是有一到兩個孩子的小家庭，考量到居住品質，我個人認為至少要有 30 坪較合理。若是有三個孩子甚至以上，要是有能力負擔 40 坪的物件，會更理想。基本上先想好預算及條件，在找房上就能省去很多做白工的時間。

▶ 想要的生活機能 ▶ 探查周邊環境

　　現在很多人買房的起心動念，都來自於組織家庭、生兒育女，所以思考「家庭生活需求」就變得很重要，我們不再是一個人，家庭所需要的生活機能絕對是完全不同的。

　　從學區開始挑選，或許是一個可以考慮的思考點，再進一步去劃分學區中的住宅區、商業區，或是以娛樂、教育機構、公園綠地、日常採買、運動中心等來篩選，這些都是理想未來該具備的條件。除了考慮室內條件外，周邊環境的感覺與品質，也都要一併考慮進去。

　　最後，要說明一個很重要的觀念，雖然過去台灣房市不斷上漲，讓多數人認為「買房」就有機會獲利，吃到一部分房價上漲的利潤空間。但我認為如果你是買房自住，那其實要換個念頭，**清楚知道房子是隨著屋齡一年年升高而「折舊」的，不要一直想著獲利，要清楚明白房貸是生活開銷的一部分**，用這樣的心態看房子，才會住得舒適、買得愉快。

觀念 2

資金有限，
如何規劃買房及其他投資？

　　買房是人生大事，攸關你如何安排自己的資產，及怎樣看待資產與投資。其中，對一般人而言，最大的功課大概就是「有限的資金應該怎麼運用？」

　　每個人一生中可以賺進的財富有限，買房又是非常大筆的開銷支出，常常會是一個選擇不同，就會改變往後的人生，無怪乎大家都非常審慎看待。有鑑於此，我用四個不同的問題，分享自己對於「有限資金，有效利用」的看法與觀念：

❶ 用信貸作為財務槓桿，借錢買房或裝潢？

　　我買房時很年輕，當時也沒有小孩，在沒有家累的情況下，可以相對無顧忌提高自己的財務風險，所以裝潢費用是透過信貸借來的。但如果問我是否鼓勵開高自己的財務槓桿買房？對現在的我來說，每個人所遇到的情況、基準點與未來的變數都不一樣，因此我趨向保守。

　　如同前文所言，因為當時的我還年輕，幾乎是一人飽全家飽，在相對沒有很多壓力或變數的生活條件下，我可以自己規劃資產分配，就算發生危機或風險，也可以用自己的本事增加收入。當時的想像是，就算

下班後要去兼職，我都有把握可以還清這筆借款。

但在有家庭成員之後，我就不建議大家去做這樣的事情，因為你的冒險，其實是押上全家人生活水平與開銷的風險。對我來說，**裝潢跟買房是兩件事，買房是資產配置，裝潢是消費，更何況，如果超過能力所及，它會是奢侈性消費。**

過往台灣人的觀念裡，買房子是可以容許借錢與貸款，只要你的財務槓桿計算好，貸款是很常見而且合理的支出，因為大家都認為房子是資產、未來會有漲幅，你可以將房子視作金融商品，當然也是你個人資產累積的一部分。

但裝潢不會有漲幅，而且還會折舊，未來在賣房時，高級的裝潢也不一定能為房子加值，所以在裝潢上，我建議大家偏向合理預估自己能負擔的消費範圍去做設計，並且不要抱有可以回收的期待。

❷ 第一桶金到底要拿去買房，還是投資？

這個問題簡直是千古不變、歷久彌新。隔一陣子就會有新聞出現，類似「現在我手上有筆錢，是要拿去買房還是買股票？」這樣的標題，總會引起大家討論。

我自己看，很多事情都是結果論。2003 年 SARS 席捲全球，當時危機入市買房的人，現在資產一定翻了數倍；2020 年新冠肺炎疫情導致全球股價下挫，260 元大手筆買入台積電股票的人，以現在 580 到 600 元左右的價位（截至 2020 年 4 月），也是翻了 2.5 倍行情。

但你在 SARS 時期敢買房嗎？在 2020 年全球因疫情鎖國封城的期間，真的敢把手上的現金全數投入股票市場嗎？我想每個人的答案都是不一定的，用事後諸葛的角度來看，當時的投資絕對有豐厚回報，但誰能知道什麼樣的時機，該做什麼樣的決定？沒有人能預測未來會發生什麼變化，你只能為自己，在當下做一個最合理的決定。

　　每個二選一的抉擇都簡化了周遭環境變因。可能你買房是為了成家，如果不買，家人就必須一直仰賴租房，不論未來就學或工作，都不那麼穩定。這筆錢雖然沒有投入股市，為你賺進股價升值的報酬，但你買了房子，有一個安定的居住環境，這筆獲利又該怎麼計算呢？

　　我們都想要用最少的錢贏得最多的報酬，但有形、無形的付出與收穫卻很難估量，更何況我們是用現在的眼光，回推當年的決定，這些都是不合理的懊悔與檢討。無論是買房、買股票或是任何一種投資，只能用當時所擁有的資訊，為自己做一個「進可攻、退可守」的選擇，才是合理行為。

　　所以與其問外人「我該買房還是投資？」其實你該想的是，「該做什麼決定，對現在的我會換來相對好的結果？」

❸ 買房或是租房到老？

　　這個問題也是大哉問，但都根基於大家「資源有限，但欲望無限」的心理狀態，所延伸出來的終極選擇題。**租房到老要負擔的風險是，市場上沒有房子要租給你，房東對於年齡較大的租客有疑慮。**

　　至於何謂年齡較大？我們用法定 65 歲可以享有各式長者福利為基礎，推算台灣 2019 年公布的人口平均餘命，男性是 77.7 歲、女性是 84.2 歲，平均而言從被認定為「老人」到死亡，還有約 16 年的時間，你必須找到房子租你，讓餘生有地方可遮風擋雨，這在現在的租屋市場上，不是件容易的事情。

　　其次，當然你也可以去住老人養護中心，以平均一個月 3 萬元、需準備約 16 年的安養費計算，你必須為自己準備大約 580 萬的費用，才有一個空間可以過日子。說真的，如果換成現實的費用來看，我認為還是買房比較划算。

❹ 買房自住或是買房出租？

　　有關買房投資，通常都是在資產配置上相對有選擇的人，簡單來說就是資金足夠，不動產會是你能拿來作為投資獲利的其中一個選項，我對於這個選擇沒有特別意見，不過整個社會的氛圍與眼光，這樣的人就算是「炒房族」。

　　如果你將房子作為金融商品來討論，我們可以用本金跟收益來看，其實不動產近年的漲幅是差的，需要的資本與等待的時間，相對於其他商品而言是多且長的。不過以風險而論，不動產下跌的機率較低，跌幅也有限，並且有「保底」性質，意即，即便你投錢下去，整個大環境或市場下修，你也不會血本無歸。

　　在種種條件之下，既然房子的獲利以比率來看不高，那所有的問題都會導向你的資產豐厚與否、風險承擔度高還是低，希望做長期穩健或是短期獲利的投資等，綜合評估之下，再來考慮房子是否能夠作為你配置資產與投資的一個選項。

　　最後其實不難理解，如果有能力，我的立場仍舊是建議大家買房，即便是買在近郊區的地方也無所謂。因為買房其實換得的是某種心靈上的自由，即便你的財務自由會因為貸款而產生限制，**但在付貸款時，你終究知道這是「買房子」，而不是把錢給別人，無法回收**；你一定也清楚，房子是會有殘值的，即便今日房市緩跌，它也不會跌停或歸零，在持續付出貸款的同時，你的得失心就會慢慢平衡，你終究是為「自己」買了一個安身立命的居所。

觀念 3

月收入不高，
也有機會買房嗎？

很多人問我：「Ted，我的月收入不高，能買房嗎？」其實我認為月收入不高的上班族，甚至是小資族也有機會購屋，只是條件會更嚴格、要考慮的風險與劣勢會更多，以下是我給這些人的購屋建議及規劃。

在進入計算之前，我必須誠實地說，如果你的薪水在 3 萬元以下，要買房真的太困難了，我會建議先租屋，好好存錢會比較適合你現在的生活條件。若真的想購屋，可考慮往基隆、桃園、淡水等區域，尋找 1 字頭產品（即每坪單價在 20 萬元以下），會比較容易達成。

我們先用月收入 3 萬 5 千元為標準，扣除基本的生活開銷（你也可以依自己的實際支出來計算），包括：

1 手機費：基本資費網路吃到飽，每月約 499 元

2 娛樂：用 OTT 等月租串流平台取代第四台，每月約 700 元

3 伙食費：1 天 300 元，每月工作日約 22 天；週末共 8 天，每天
500 元，總計每月約 10600 元

4 交通費：以捷運吃到飽計算，總計每月 1280 元

5 家用：每月約 5000 元

6 保險與儲蓄：每月約 7000 元

以上約 2 萬 5 千元，用月薪 3 萬 5 千元扣除後，每月餘額約 1 萬元。說真的，一個人每月存 1 萬元要買房並不容易，所以我們用雙薪計算（當然，若你只有一個人，也還是能用個人所得來計算），設定成你與你的另一半一起朝買房目標存錢，這樣每個月就有 2 萬元的金額可運用。把這筆金額套入前文提到的買房預算公式（請見 22 頁），以每人每月拿所得 1/3，作為每月要付的貸款金額推算，大概可以買到總價 900 萬、頭期款兩成（約 180 萬元）的產品。

　　估好頭期款後，或許又有人要說：「Ted，900 萬在台北可能只買得到套房，我還能找哪裡的物件？」我明白大家無奈的心情，或許你就是個土生土長的台北孩子，但卻買不起與你有地緣關係的產品。礙於經濟負擔與房價限制，我們確實得先放下原本的生活圈及環境，到外圍去找相對符合自己理想條件的產品。

　　這也是為什麼我強調要想清楚「買房的動機」，你想要自己的資產怎麼配置？擁有一間房子對你來說的意義是什麼？否則其實租房也可以，畢竟在雙北而言，租金比起房價相對容易負擔。當你要做出這麼重要的人生選擇時，一定要想清楚動機，這個決定除了你之外，也沒人能為你負責。

---

35 房屋小知識　若預算有限，也可考慮預售屋

　　許多人買房都會卡在頭期款，大多數人可能期待長輩贊助，有很好，但沒有也沒關係，我建議或許你也可以考慮預售屋。預售屋的好處在於下訂時只需付 5% 左右的訂金，約在 10 萬到 30 萬元間，就可以先訂簽，後續費用則分段繳付，可以減輕一次要拿出百萬頭期款的負擔（關於預售屋的介紹，我們會在 57 頁做更多說明）。

觀念 4

只是情侶或朋友，適合一起買房嗎？

買賣房屋以「夫妻」為「單位」居多，但其實，有愈來愈多朋友會來問我，「我們不是夫妻、也不打算結婚，但未來會是相互扶持的伴侶，想一起買房，該怎麼登記？」或是，「我們是兄弟、幾個朋友當投資人，想一起買房投資，那該怎麼登記、登記誰的名字？」

這是個蠻好的問題，因為當你們在法律上沒有財產共有的權利時，其實買房的登記、貸款問題，都必須在事前釐清，未來才不容易產生糾紛。那在「買房的夥伴不是另一半」的前提下，買房、貸款又會產生什麼樣的問題？該如何解決呢？

❶ 產權該登記誰的名字？

通常買房子只會登記一個「所有權人」，他會擁有百分之百的產權，所以未來房子要怎麼規劃，包括產權變更、變賣或是要出租時，都只要對一個人，比較單純且不容易產生問題。但如果今天是一間房子兩人出資，那可以採取「共同登記」，即雙方都是持有人，沒有經過對方同意之前，不可以進行買賣、出租等行為。

不過，兩人可能在財力、願意出資的比例上有所不同，所以在買房

時，雖然是登記共同持有，**但也一定要記得標註兩人個別出資的比例、貸款的成數或用誰的名字等，未來拆分才有依據。**這裡還有一個重點要注意，即依據《土地法》第 34 條之 1 規定：

> 「共有土地或建築改良物，其處分、變更及設定地上權、農育權、不動產役權或典權，應以共有人過半數及其應有部分合計過半數之同意行之。但其應有部分合計逾 2/3 者，其人數不予計算。」

這是什麼意思呢？即如果持有人只有兩位，且持分比例有一人大於 2/3，那他就可以自行處理這間房子，為避免未來其中一人有私心擅自處分，請記得在登記時要小心比例問題。

❷ 貸款要用誰的名字？

因為大部分銀行都不會接受共同貸款，所以即便產權是兩人共同登記，但貸款可能還是必須要由其中一人出面。換言之，在一起買房的夥伴中，你一定要挑一個貸款額度較高、利率比較好談的人選當貸款人，因為貸款條件一定與申貸人的薪資、工作條件、信用狀況高度相關。

但是另一個人也不能置身事外，就實務來看，另一人就可以當連帶擔保人，增加貸款人的信用條件，用這些配套措施將兩個人綁在一起，也可以讓貸款條件變好。

❸ 繼承問題也要注意

這個問題雖然想得比較遠，但不是沒有發生過。如果今天發生不幸的意外，有一方突然離開了，但因為你們彼此只是情侶或夥伴，沒有法定關係，不像夫妻在法律上是共同持有財產，當一個人離開時，可由另一半繼承。

如果只是情侶做共同登記，未來假設其中一方走了，只能由其親人去繼承他的產權。也就是說，你跟對方的父母或兄弟姊妹，可能會共同

持有一間房子，勢必會徒增很多困擾，再加上不是親屬關係，對於房產處置在事前是沒有任何共識的。在這樣的情況下，我會建議透過下方第四點提及的「預告登記」來處理，事前先摒除這些不確定因素。

❹ 只登記在一人名下，如何保障另一人的權益？

根據第三點，如果今天不做共同登記，只登記在一人名下，未來在處置財產或貸款都會比較方便。但當然你會擔心的是，另一人的權利又該怎麼保障？為確保自身權益，建議可使用「預告登記」。意思是指，**由登記名義人簽署一份「預告登記同意書」，即房屋所有權若要轉賣或轉移，必須先經過對方同意，並塗銷預告登記後才能執行。**

這樣的好處是，登記名義人不能隨意將房屋轉讓給第三人，在做任何轉移之前，都必須讓預告登記的對象知道並取得同意。這樣一來，不論是發生分手或任何意外狀況，都較不用擔心會發生金錢糾紛。

共同登記＆預告登記的不同

登記方式	內容	優點	缺點	備註
共同登記	男女雙方為房屋的共同持有人	房屋出租、出售需雙方同意	產權不單純，影響銀行貸款意願	若雙方共同出資，可註明比例及負責項目
預告登記	登記在一方名下，另一方可預告登記，將其所有權做限制	若有買賣等轉移，需塗銷預告登記，因此要另一方同意	需繳納 5000 元以上的代書費	在權狀上會顯示是否已被預告登記，可用來辨識產權

俗話說：「親兄弟明算帳。」雖然我們都不希望和親近的人發生金錢糾紛，但如果彼此間存在著共同出資或貸款事宜，雙方都一定要留存匯款往來的單據，作為金流證據，才不至於在糾紛產生時，無法梳理彼此的權益，造成不愉快。

觀念 5

房子為什麼愈來愈貴？
淺談房價走勢

2020 年因新冠肺炎影響，全球從衛生安全到經濟市場領域，都受到強烈衝擊。台灣整體房市卻在這時候逆勢上漲，令不少人疑惑，這波漲幅究竟是怎麼來的？會不會因為疫情結束房價又再回跌？我想這應該是很多人都想知道的問題。

我在 2020 年時的影片裡提過，台灣經濟能否維持穩定，取決於疫情控制的情況，台灣一直都是防疫資優生，整體經濟狀況受影響的程度不如他國，房市也因為從全球返台避疫的三百萬人，以及因為經濟活動暫緩的海外資金流入而推高。

再加上全球股市因為熱錢太多而上漲，房市又再有這波因股市獲利者的挹注，助攻熱度；最後，我們可以歸結於台灣人一向都是有錢就會想買房，這個概念一直都存於文化中，總總因素加起來造成今日疫情未歇，但房價卻早已節節攀升的情況。

就我觀察，這波進場的硬需求及投資客都蠻多的，因為貸款利率是顯而易見的低，舉例來說，新莊副都心當初被打回每坪 40、50 萬元，現在又漲回。投資客比的是氣長，人是英雄錢是膽，只要氣夠長，過去那幾年的跌幅在這波裡就有機會再賺回來，接著做更多投資。再加上自

住客也選擇在這個時機進場買房子，過去我常說，市場最好的交易叫做賣方缺錢的交易，這只有在中古屋市場裡會發生，在建商身上是不可能的，所以這波預售屋漲幅更是可預期的。

政府雖然在 2020 年末祭出打房政策，但我認為作用不太大，因為細看政策要點在於「限制貸款」，目的是禁止投機人士持續用開高槓桿的方式，在房市中空手套利，但對於真正有錢買房的那群人來說，他們仍然有空間進入房市買賣。

這樣的做法，其實是減緩市場將房子當成是「金融商品」的速度，房子是用來住的，在這個前提下，我們才能用供需去看房市，但如果將房子視為可透過交易獲利，那它就變成是有漲幅的金融商品了。這兩者之間的差距，會大大影響房市的走向與購買者的心態。

▶ 房價會一直漲上去嗎？

說了這麼多，大家會關注的應該還是只有「房價到底會漲還是跌？」但這個話題的爭議實在非常多，與其一口咬定下一階段房價走勢，我們不如先弄清楚有哪些因素會讓房價變動，這樣未來在看趨勢時，不用仰賴電視名嘴或專家，自己也可以有把尺衡量房價走向。

以目前的疫情走勢來看，疫苗雖然會解決大部分疫情，但許多公衛專家認為，新冠肺炎可能會變成流行性感冒，常存在社會之中。而很多人寄望疫情歇息，房市可以暫冷或是房價下跌，但我認為這個機率非常微小。

原因在前文也說過，這次房市上升是因為熱錢流入而非需求推升，資本主義社會讓房產變成金融商品。手上有資金的人掌握房地產市場，即便空屋率這麼高，他們只要不願意賣、沒有釋出，房價就很難會掉價。

簡單來說，當供給大於需求，房價就會跌，反之房價就有可能會攀升；例如精華地段的房子，當釋出的物件是大家都想要的房型、格局時，

那這個物件的跌價空間就相對較小。再者，產業的火車頭是房地產，疫情即便結束了，政府也不太可能會讓房價崩盤，崩盤叫做經濟衰退，甚或影響更多在台企業的利益或發展。官方至多只能做到抑制上漲速度，但想等到跌幅至深，我想應該不太有機會了。

　　事實上，台灣社會非常認同「有土斯有財」觀念，根據行政院主計總處公布，2019 年台灣人房屋自有率高達 84.7%，相對於美國同期住宅自有率約在64%左右，台灣的數字其實非常驚人。早期投資不動產的人，就算沒有大賺，也都能保值，所以大家對於房屋的概念從「自住」轉到「投資」，很多人都會有著「不跌就是賺」的想法，也由於這個想法，讓台灣的房地產市場需求一直都在。

▶ 當需求變大，新大樓愈蓋愈多時，房價便很難往下。

▶ 到底該怎麼做，房子才會跌價？

我們在本篇中談了許多影響房價的原因，而這些原因多數都屬於「漲」因，那你一定會問：「所以房價不會有回頭的那一天了？」當然有，在這個部分，我也找了幾個關鍵因素與大家分享：

❶ 市場看跌

當然這個說法很空泛，但當市場不斷反映房價太貴、買不起、造成國家民生問題，政府自然會更加關注這個現象，並根據現象事實做出適當的反應或是政策，抑制房價漲幅。例如稅制的修改其實是愈來愈不利於房地產投資，或是近年來政府一直在實施的危老都更、只租不賣的公共住宅等，這類物件大量釋出到市場時，其實也會影響房價。

❷ 政府的打房政策

很多人會問，政府的政策究竟能否有效打房？我想這個問題其實很難回答，也沒有人可以完整論述。不過政府確實有朝抑制房價持續上漲的方向前進，但是否能滿足所有人的要求與期待，我想這是不可能的。

畢竟台灣的房價與收入比，已經超出歐美太多了，這兩者的差距已經成為國家長年的問題，不是短期就能解決。就像我在一開始提到的，我小時候成長環境的房價，現在對我來說已經完全負擔不起，甚或是住在當地的人，以他們現在的收入來衡量房價，也可能是無法負荷的。

這其實是非常不正常的現象，我相信未來會由市場的力量持續調整。再者，如果你長期關心不動產市場，就會發現其實有些地的地價已經停止上漲，甚至慢慢下修了，那也會造成房價往下。

❸ 成交量減少

最後一個也是最現實的原因，當然就是成交量，當成交量愈來愈少，

很多建商就會殺價搶客，降價跟其他競爭品對抗。

上述提及的因素，我想近五年或十年內應該都還適用，畢竟更久遠後的未來很難說，不過大家在買房或思考房價時，這幾個因素應該還是有一定的參考價值。我們當然可以等人口基數變少，畢竟現在生育率下降，可預期未來台灣人口是負成長的，但是誰又能保證在人口數下降之前，會不會有其他因素推升房價？例如推動外資買房，大家最關注的就是中資，如果哪天中資開放在台購置房地產，房價的走勢難保又是一波飆升。

簡而言之，我認為大家要有心理準備，房市走向基本上會是往上的，如果是自住需求，能夠看到喜歡、符合預算的物件時，無論何時，只要順利成交，都會是你人生裡最好的一次交易。

---

35 房屋小知識　💬 **房價不僅不跌，房子為何也愈賣愈貴？**

很多人都會問，為什麼現在的房子愈來愈貴？除了供需關係之外，**另一個因素是「建築成本的提高」**。市場與消費者對於建材、工法的要求愈來愈高，當資訊愈透明，多數人也被教育要重視建案的安全性、建築結構是否合乎法規時，建材的硬體成本採購自然會比以前更高。

再來是人事成本，建築工人是個高風險行業，相對也非常辛苦，很多人其實不是那麼願意繼續投入在這個產業之中。當然這也不奇怪，台灣的就業環境已經逐漸向歐美、紐澳靠攏，當願意投身這種高風險基層產業的人變少時，勞工取得成本自然愈貴。在這些因素相加下，房價飆升也就不難想像了。

觀念 6

第一次買房子，
這些眉角要注意！

　　我自己認為，買房子最重要的事情不是頭期款。我知道大家聽到這句話，一定會產生「我連頭期款都沒有，怎麼還說這件事不重要」的疑惑。因為我相信每個人在估算頭期款時，一定會將目前擁有的資金及未來的還款能力都估算進去，然後找出一個可入手的「總價帶」，再依照這個金額去找符合預算的物件。

　　既然如此，我們應該都會同意，其實你手上所擁有的資金，九成以上都是固定、不會大幅增長。如果在這樣的先決條件下，其實根本不用考慮自己的頭期款有多少，反而應該要更深一層思考「我擁有這些頭期款，應該要做哪些選擇？」

　　因為錢是固定的，所以你要考慮的會是其他條件。就我而言，「居住空間的大小」會是第一要素。因為房子跟你生活的時間最久，愈小的空間愈有屈就感，住起來的舒適度也會不夠，所以我認為衡量好需要的坪數，再考慮其他事情比較重要（至於如何衡量坪數，請參考 81 頁）。

　　但一定也有很多人會說：「這些錢只能買在蛋白區（即市中心周圍之地），離原本生活、工作的地方有好大一段距離。」由於蛋黃區（即市中心，熱鬧且交通方便的區域）房價居高不下，這是一定會發生的問

題，交通可以依靠大眾運輸工具、買車改善，但產品的品質好壞、鄰居的狀況，會影響你更長更久的時間。所以我總是說，**買房子最終看的還是產品，產品好，其他的東西你一定能捨棄。**

▶ 從這三個地方，判斷房子的好壞

雖說教大家如何判斷產品好壞，是本書目的之一，但若要說最簡單、精要的判斷條件，我會依照下列標準來挑選：

❶ 社區的規劃

假設你買的是預售屋，我會先看整體社區的規劃，想像住起來是否舒適。例如一層樓有幾戶、社區有幾棟、停車位在哪裡，及整體社區的公共設施、動線規劃、逃生路線等，是否都符合需求。如果是成屋，也是相同道理，先了解社區環境就對了。

❷ 鄰居的素質

雖然很難預先知道鄰居好壞，除了多打聽外，若你買的是預售屋且主打「建商也住在這裡」，某種程度就會是品質保證。另外，套房比較多的產品，相對租戶也多，這時候出入的人口就會複雜些，鄰居的狀況也會比較難掌握。

❸ 產品的優劣勢

很多人都會問：「到底要看多少房，我才能買到自己喜歡的房子？」答案或許真的是愈多愈好，但沒有標準答案。這個愈多愈好的前提是，剛開始看房時，你會覺得採光、樓高、格局、房型、交通等各條件都非常重要，所以每個都不會放過，那自然每間房對你來說都不滿意；或者終於看到一間滿意的，但價格卻遠遠負擔不起。

我們只能在有限的條件裡，選擇自己能選擇的產品，所以看愈多房子，就會愈清楚自己喜歡什麼，把每個產品都看過一輪，從中排出自己在意的條件比較重要，尤其是室內的格局，一定要清楚思考優先順序，才有助於你下決定。

▶ 買房前，最容易忽略的三重點

準備買房前，我通常會提醒大家幾個容易忽略的重點，包括：

❶ 雜支及裝潢費用

很多人在買房後才發現，後續許多費用超乎自己原本的想像與規劃，其中裝潢費用占了大多數。好不容易買了一間好房子，但最後沒錢裝潢，或沒有多餘預算裝潢成自己喜歡的模樣，因此，在一開始就要預留這筆費用（怎麼估可參考 199 頁）。

❷ 社區的實際運作

建議在買賣房屋前，最好能加入住戶或已購戶群組，如果沒有辦法找到這樣的群組加入，也可以詢問社區的保全人員或瀏覽相關粉絲頁，甚至到各大論壇討論爬文，畢竟社區內很多大小事或注意事項，得靠所有人的力量才能完成。因此事前了解社區情況，是很重要的事。

❸ 看房的次數

坊間有個說法是，想買房最少要看五十間房子。如果是同一間房，早上、晚上、雨天等不同時段都要看。我覺得這個說法完全合理，但是實現的機率很低，除非你已經下了斡旋金，對方才有可能空出時間帶你看這麼多次。

另外，分時段看房主要是看交通環境、噪音、粉塵、漏水、西曬等

問題，這些狀況確實會讓你在買房上產生疑慮，但交通環境不可控，而噪音、粉塵與漏水則可透過專業的工程技術解決，如此一來，這些問題反而都不是大問題了。

　　第一次買房要注意的事實在太多了，無法一一詳述，但我想要強調一個很重要的觀念，房子跟手機、電腦不一樣，這些 3C 產品的規格、價格相對透明，**但房子則不同，無法說換就換，所以一定要看得夠多，才會明確知道自己的需求及想要的產品規格**。既然可能是一輩子僅有一次的買賣，請務必慎重為自己做好決定。

▲ 如果想住學校附近，上下學時的車潮及噪音也要一併考量。

35 房屋會客室

了解房屋的成本結構，
找出物有所值的房子

買房時，很多人都會對動輒數十萬、甚至上百萬的單坪售價咋舌，「房價怎麼可能這麼貴！」、「一定是建商從中牟取暴利！」等批評也不少見。我們在前文也談到，需求變大、蓋房子的成本上升等，都是讓房價不跌反升的原因。對於想買房的人來說，既然要花費數百萬甚至千萬，想了解「建商成本及利潤」的心態就不難理解了。

▶ 三種估價法，可估出建物價值

既然想知道利潤，就要知道成本的估算方法，一般推估建物價值，大概有以下三種估價方式：

❶ 比較法：比較附近成交價格

蒐集並查證條件相對近似或是有關係的標的物，再來估算目標建物的可能價格。這在中古屋交易裡是很容易操作的，舉例來說，台北市東湖區的區域房價行情為 60 萬，進一步在實價登錄網站上查詢附近的大廈，其成交行情為 63 萬，再透過網站上的公開資料，比較土地使用分區、登錄日期、當年市場房價、交通或外部環境因素等，如果與想購買的建

物狀況類似，那就可拿來作為比較。

這種估價方式簡單，也能同時比較類似建物，但在預售屋市場，尤其是重劃區的建案就相對難操作，因為整體從建物條件、環境到建商品牌等，都難以比較。

❷ 收益法：抓出費用並估算收益

這種算法適合用在商用不動產，或套房等出租型產品。舉例來說，一棟辦公大樓，總樓層為 15 層，租用標的為 8 樓、共 150 坪，這樣應該要租多少錢？整棟建物的每月總收益又是多少？

可先蒐集周遭類似標的物這三年間的總收入、成本等，去推估單坪租金的價格，再進一步回推有效總收入。此外，也要調查該棟建物的總費用，包含地價稅、房屋稅、管理費以及折舊攤提等，才能估算出該建物未來一年平均的淨收益。

❸ 成本法：計算所有建造的成本

這可能是大家比較容易計算的方式，一言以蔽之，就是以建造及營造成本去推估建物價值。首先是取得土地的成本，目前土地價格很容易查到，如果是大片重劃區的土地，政府會公開招標，所有資訊都會放在各縣市的地政局網站上，可自行上網查詢。

此外，還要蒐集和建物相關的建造資料，例如土地開發期間所付出的成本、各項施工材料與人力的價格，包括營造、施工、規劃、設計、廣告、銷售、管理等費用等。營造成本甚至包含成立一間建設公司、一間營造公司、聘請建築師等的維運費用。以在台北市聘請一名建築師為建案畫圖設計來說，只要總工程的費用超過 6 千萬，就是以工程費用的比例，計算要付給建築師的費用，光是這筆費用就難以估計。

建設公司要精算的成本還包含銀行利息，因為他們買地或蓋房子不一定是用現金，而是向銀行貸款，融資的金額可能是幾億到數十億。

▶ 成本其次，「物有所值」才是重點

估算成本的方式非常複雜，一般人很難精算，就算理解，對明白「建物售價是否合理」來說，真的有幫助嗎？恕我直言，其實估算整棟建物的成本，再去推估建商賣一間房子能賺多少錢，可能相對沒意義。

我們這樣推想現實情況：當看到一個不錯的建案，總價也在負擔範圍之內，但用上述的方式去推估後，發現建商賺的利潤超過你能接受的範圍，難道你就因此不買房嗎？答案我想多數人都是否定的。既然如此，我們是否還能用其他方式，來判斷建案售價是否合理？

我建議，不妨在「**看得見的地方**」及「**可掌握的資訊**」上，去確認該建物是否有所值、可否購買。這些「可見的條件」包括：

● 看建材及使用配備

關於建材工法，會在第二章詳細說明。這裡要強調的是，建商願意花多少錢在工程、硬體設備上，是消費者最容易判斷產品價值的地方，小至室內的廚房設備、門口機，大至電梯、水泥或鋼筋等，都是可以用來判斷品質的重要資訊。其他像是窗框的防水功能、氣密窗品牌及隔絕噪音或水氣的功能等，也能看出建商的用料。

▶ 從氣密窗也可看出建商的用料。

● 注意室內可用的坪數

室內實際使用坪數及公設比例，能否反映成本與售價？當然可以。建商一定希望在每個建案裡，都能讓利益最大化，因此「可銷售面積」對他們來說很重要。舉例來說，陽台不會記錄在容積內，但卻是可銷售面積，只要不超過建築面積的 1/10 即可。在這樣的情況下，建商很有可能為求可銷售面積最大化，把陽台做好做滿，讓整體可銷售面積上升；而以消費者角度來看，陽台當然愈小愈好，基本上只占面積的 1/12，就算是不錯的比例。

當建商愈能替使用者著想、愈願意讓利，在規劃室內可使用坪數及格局時，也會相對舒適，至少不容易出現陽台比次臥還大的情況。

● 看結構保固的年限及規範

當我們看到房子時，通常已經蓋好，因此較難得知水泥牆底下的用料、鋼筋捆了幾圈，或用什麼建築工法等。那該如何判斷產品是否物有所值呢？**我建議看「保固年限」，年份愈高愈好**，代表建商願意為品質掛長期保證。

一般來說，結構及防水保固各一年，是基本條件，有些建案甚至主打十年保固，連室內防水及屋頂都含在內。這些都是在審閱合約時，可多加留意的。不過，由於國家法源並未明確規範保固期限，我也確實聽過經營不善的業者不願履行保固責任，但近來網路發達，很容易能查到建商評價，這也是評比標準之一。

最後，其實研究建商成本意義不大，我們可以做的是，推估該區域合理的行情價，然後訂出心目中的合理價格。當建案售價超過預期時，可以選擇不要，但不需當成殺價條件，畢竟各行各業都有應得的利潤及報酬。

PART 2

預備看房，
你的需求有哪些？

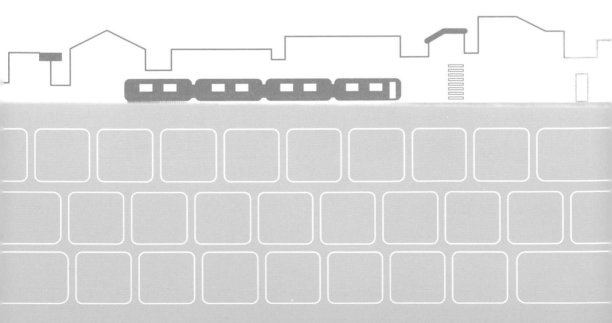

1 房價

想查詢價格，
一定要認識「實價登錄」！

　　如果要買房子，一定會需要查詢實價登錄網站，認識區域行情後再談價格。就目前的交易市場而言，實價登錄系統給予了相對透明的資訊。但是，系統中除了「成交價錢」以外，又有哪些資訊是值得我們特別留意的呢？

　　這個系統全名為「內政部不動產交易實價查詢服務網」，目的是政府為了促進不動產交易資訊透明化，希望能夠大量、穩定的蒐集與公開台灣所有房屋的交易資訊，在保障民眾交易的隱私前提下，提供查詢管道，讓房地產市場一掃過去不穩定、不透明的交易印象。

▲ 進入實價登錄網站首頁，依需求選擇要查詢的房屋類型、售價。

究竟，實價登錄對市場的好處有哪些？簡單說明如下：

❶ 價格透明化，減少紛爭

過去買房子因為不透明，常讓買賣交易處於一個非常不穩定的狀況，沒有任何資訊可以判斷買賣雙方的開價、成交價是否合理。當價格透明後，連帶著讓開價與成交價變得相對接近。過去買房時，可能常有人會說「要從八折開始砍！」這就造成很不健康的交易狀況，買賣雙方從價格開始就變得互不信任。

我常想，為什麼房子的價格不能像是便利商店的飲料一樣，價格透明呢？當然這個想法會立刻被否定，**因為一棟房子的面向、樓層、座向，甚至是屋況，都會導致定價原則與售價完全不同。**不過實價登錄也讓這樣的不同有了軌跡可循，你可以從相對應的物件裡，判斷開價是否合理，再決定如何議價。

❷ 有助漲或助跌的效果

假設市場不好，買方會希望價格下降，便依實價登錄的價格往下開價，愈開愈低，當市價因為這些成交案件往下調後，市場價格便有機會一路往下。但景氣好時，成交價就會上升，市場變成賣方市場，開價就會變高。這樣一來，實價登錄變相成為大家買房時，拿來討價還價的依據。

❸ 有助市場環境分析

實價登錄網站上累積了近十年的台灣房市交易紀錄，龐大的數據資料有助於分析房市的交易狀況。這個以良善為出發點的官方系統，提供公開資訊給眾人參考，甚至包括特殊交易物件，如親友買賣、員工特殊關係買賣、瑕疵物件、獨立車位等也都會特別標示。收集愈多和物件交易相關的資訊，就愈容易理解區域行情或成交市場的氛圍。當然，當交易市場透明化後，也能依照實際交易價格課稅，減少逃漏稅的機會。

▶ 實價登錄 2.0 修正後，三大重點報你知

有關實價登錄的相關規定，在 2020 年 7 月 1 日後又有修正，在申請資訊及日期上都有了調整，包括：

❶ 買賣登記轉移與申報一併完成

過去規定房地產買賣完成後 30 天內必須登錄，**現則改為必須在申請人辦理登記時，就一併申報實價登錄資訊**，大幅縮短了申報與資訊揭露的時間，避免交易時程與揭露時間的間隔過長，無法及時反映行情，也能避免有未申報的情形發生。

不過，現階段預售屋的實價登錄，仍需要等到代銷委任合約到期或終止日 30 日內申報，但不管是代銷或房仲銷售，只要這個建案的銷售期還沒結束，就會一直看不到交易紀錄與價格，讓預售屋市場仍然相對不透明。

❷ 杜絕哄抬價格，買賣方共同申報

實價登錄有個為人詬病的弊端是「建商作價」，建商會利用送裝潢、價格合併車位等，將產品的總價往上抬；或是預售屋會選擇將面向更好、價格更高的物件先行登錄，讓眾人無法掌握真實價格。如此一來，真實的成交價很難在平台上顯示出來。因此，修法後將登錄責任回歸到買賣雙方，若資訊不實，將會有相關罰則。

另外，有些買方會因為需要保證貸款成數或金額，同意與賣方簽訂AB 約，A 約為貸款合約，也就是實價登錄合約，B 約才是成交合約，讓貸款金額提高。舉例來說，成交 2000 萬、貸款合約寫 2500 萬，同樣貸款八成，後者足足可多貸 400 萬元。這樣對於買方來說可能在經濟上相對寬裕，但問題就在於，不實合約會傷害實價登錄的公信力也不可取，但抓不勝抓，因此還是要呼籲所有買房民眾，千萬別因一時的貪欲而觸法。

❸ 申報資訊不實

　　過去買賣老房子時，陽台外推、頂樓加蓋等可能都有申報不實的疑慮，但目前規定要清楚地寫進去，且申報內容也有所調整，分為價格與標的資訊，讓物件的資訊更清楚，詳情可參考下表。

買賣物件的價格資訊內容

修法前	修法後	
房地、土地、建物交易總價 車位個數 車位總價 車位類別 有無管理組織 交易日期	【價格資訊】 交易總價 車位個數 車位總價 其他經公告之資訊項目	【標的資訊】 交易日期 土地移轉面積 建物移轉面積 使用分區或編定 建物現況格局 有無管理組織 有無電梯 車位類別 車位面積 車位所在樓層等資訊

▶ 預售屋因沒有實價登錄，價格容易被炒作

　　截至本書出版前（2021 年 5 月），預售屋仍尚未納入實價登錄管轄的範圍內。多數民眾其實對於預售屋價格揭露有高度期待與需求，但在缺少交易價格的情況下，容易讓人有操作價錢的空間，或是成交資訊全數掌握在代銷或建商手中。

　　其次，目前實價登錄揭露「門牌」號碼的範圍，其實相對廣，對於民眾想要掌握真實價格區間仍有難度，這中間也因為價格資訊模糊，容易成為買賣雙方攻防的武器。雖然揭露門牌涉及隱私問題，但要如何做才能讓這塊市場更透明，讓操作價格的機會變得更少，使消費者可以在更有保障的環境下買房，勢必是未來要努力的課題。

2 **區域**

重劃區、捷運沿線，
房子該買在哪裡？

當市中心的房價愈來愈高時，不少人會開始移居邊陲地帶，即從蛋黃區移至蛋白區，但不論住在哪裡，交通是否方便、生活機能如何、周邊環境等，仍是一般人最在意的要素。如果你是完全依賴捷運的上班族，那捷運宅或許比較適合你；反之，若你去哪裡都開車，那麼住遠一點或許也無妨。

以我自己來說，我之前曾住在八里，雖然不是市中心，但那是因為我希望空間大、公設多，而當地的腹地大，正好能滿足我的需求，房價又不如市中心高，再加上我習慣開車，是否有捷運對我來說就不太重要了。種種因素之下，八里對我來說反而是不錯的選擇。

由此可知，交通規劃與政府地區建設的資源分配，是影響房價很重要的因素，如果你手上已經有一筆預算，在這個區間裡該如何挑到適合的房子，甚至是「相對可保值」的房子，我想你可以先參考我這篇的說法。

接下來主要舉例的交通建設、重點建設與重劃區規劃等，多數都會集中於六都或雙北，但大原則是不變的，大家可以照著這三個原則，留意自己喜歡的區域接下來會有什麼樣的變化，也可以進一步思考，怎麼挑才能挑到保值性佳、未來發展好的區域。

【原則❶】 有交通建設的地方，相對有發展潛力

　　這裡主要分析大家較關注的交通建設，即捷運路線。近年通車的熱門話題不外乎就是台中捷運、新北三環三線，這兩條捷運線帶動了三個城市，包含台中市、新北市與台北市的地區房價發展。我們可以知道的是，捷運帶來的不只是交通便捷和都市發展的相互關係，也會促成人口分布的結構性改變，包括住宅、商業區、服務業等產業的重新布局。

　　當整體路網完成以後，便會形成商業中心或住宅區域，而透過規劃捷運站周邊的土地開發，其商業發展與住宅需求會隨之興起，這帶來至少千起以上的土地開發案。以捷運環狀線為例，這不僅串連新北境內高度發展的核心地區，更帶動北北桃沿線整體發展，當然，隨之而來的就是沿線房價的水漲船高。

　　很多人說，捷運開發的路線就是建商獲利的來源。但其實我們再深入一點去想，同樣以環狀線為例，當交通建設鋪設完成之後，等於把人口從房價最高點的中心區域往外送，未來才能有效抑制中心區域長期只漲不跌的情況。

　　台北市為什麼房價這麼高？主要是因為台北捷運發展完善，再加上高鐵、台鐵，達成三鐵共構，當交通愈來愈便捷時，房價就會一直往上攀升。但是大家可以想想日本東京的狀況，日本的地鐵網絡很完整，幾乎人人都住在地鐵旁，因此交通就不會變成房價的主力推手，意思是，當所有地方都有捷運站時，捷運宅就不再是新議題了。

▶ 捷運旁的房子，較有發展潛力。

【原則❷】重劃區看的是未來性，附近交通、生活機能都要留意

很多人會問我買重劃區到底好不好，現在人煙稀少、也沒有生活機能，最大的優勢就是房價稍低，要為了總價委屈生活嗎？再來，重劃區這麼多，每個都說自己有發展潛力與優勢，到底該挑哪個才對？

老實說，每個重劃區的特質、發展潛力與未來都不太一樣，很難一概而論，不過有一些共同的潛力因子，我認為是能用來判斷該重劃區的未來性。以雙北市來看，**幾個有主要交通幹道、捷運站或機場捷運通過，或是未來大型交通規劃、國家重大建設進駐的重劃區，未來勢必會是緩漲的區域。**

另外，除了考慮未來性之外，重劃區與舊市區的發展邏輯是完全不一樣的，舊市區比較像是東一塊西一塊，每個地方都可能是住商混合、道路街廓也不一定有完整規劃；但在重劃區內則相反，這裡反而已考慮到機能跟生活需求，之後就是開始慢慢發展。

不過每一區的發展也會因應腹地大小、地理位置、鄰近舊市區的距離等，而產生不同變化。因此若你就是想鎖定重劃區的房子，建議要先觀察路面寬度、綠地面積、校園位置、周遭生活機能等，再判斷是否符合所需，能否下手。

【原則❸】跟著重大建設看房，有人潮也有錢潮

簡單來說，跟著國家的重大建設去看房就對了。舉例來說，台北市政府於 2018 年 4 月 30 日，正式簽約南港生技產業聚落開發計畫 BOT 案，重點在發展智慧創新生醫產業，預定 2021 年正式啟動營運，預估至少能帶來 68 億元的收入、創造 3100 個就業機會，並且帶動生技產業，創造年產值超過 500 億元的經濟效益。這些數字代表的不只是經濟效益，

也是房地產市場與零售產業的需求，會隨著人流湧入而興起。

　　同樣的，目前南港已有南港火車站、南港高鐵、南港捷運站、南港展覽館站，高鐵、火車、捷運俱全，在交通路網上已經算非常成熟了。再加上占地近 9 公頃的北部流行音樂與新創產業中心、南港新創基地，以及既有的中研院等，讓南港從產業、交通、文創到生活機能皆一應俱全，自然使房價有向上推升的機會。這些重大建設的訊息都藏在新聞與政府網站中，大家如果對於區域或都市計畫有興趣，不妨多加留意。

　　沒有人能精準預測未來房價漲幅，世局變化太大，因此我們只能掌握眼前看得見的、可預知的因素，從中去挑選相對保值的區域了！

▲ 重大建設如都會公園、機捷附近的房子，房價較有機會向上推升。

3 類型

預售屋、新成屋、中古屋，該買哪一種？

踏入買房市場之後，就會面臨到幾個選擇，包括地區環境、交通路況、室內使用坪數大小等，都是你在挑選物件時，必須一起考量進去的條件。鎖定看房範圍後，接下來又會遇到一個大問題，即是「我要買預售屋、新成屋還是中古屋？」

同一個地區通常都會有上述三種物件可供選擇，除了屋齡之外，這三種物件最大的差別在哪裡？該怎麼挑選比較適合的產品呢？這篇會分析預售屋、新成屋與中古屋的優劣點，讓你明白其中的差異性。

房屋的屋齡定義

名稱	屋齡	定義	自備款
預售屋	0 年	尚未開始建造，或建造中	有低首付、低自備、低月繳等優勢
新成屋	1 年	剛新建完成或預售後尚未賣出的房屋	約需兩到三成
新古屋	2 ～ 10 年左右	屋齡 10 年內，尚未有人住過的房屋	約需兩到三成
中古屋	10 年以上，甚至到 50 年	可能已交易過數次，屋齡 10 年以上的房屋	需準備三到四成以上相對保險

【預售屋】低自備，較容易入手！

預售屋為「預先銷售，目前還沒有蓋好的房屋」，其好處是「三低」，低首付、低自備、低月繳、這對一般自備款不足的首購族、青年買房族是一大誘因。預售屋的優勢不少，只要是屬於整棟都能買賣的建案，就會配有一名銷控（銷售控制人員），他會去控制每一層樓要賣多少錢，並鎖定在一個價格帶內，以提供固定的開價、固定的成交量等。當然可能會因樓層有價差，但因為一次要賣一整棟，價格相對來說不會很凌亂，幾樓、座向等，價錢是固定的，愈往高樓層，價差愈大。

其次，預售屋跟新成屋相比，可以享受「客變」，也就是在還沒蓋好時，消費者可以提出符合自己居住需求的要求，請建商配合施工與變更。另外，預售屋在交屋時會有驗屋流程，只要有問題，建商就必須解決處理，之後才進行複驗、維修，直到交屋。而舊屋在交屋時，雖然可以驗屋，但屋主不一定會因為驗出了什麼問題而照價賠償，這就非常容易產生糾紛（關於驗屋的更多內容，請參考 184 頁）。

但預售屋也有許多缺點，包括因為看不見屋況，所以現在付的價格其實是個「未來商品」，你得靠建商給的資料，去想像蓋好之後的樣貌與環境；另外，也因為不是成屋交易，較容易在買賣上產生糾紛。

【新成屋】已蓋好，隨時可以入住

新成屋與預售屋的差別在於，成屋顧名思義是已經蓋好的房屋，你可以實際看到屋況，現買現住，但如果要交易成屋，自備款就要備足兩成以上，不能像預售屋一樣分階段付款。

對於購買新成屋與預售屋的消費者來說，目前都會面臨到類似的問題，就是「得房率」，意即你實際使用的室內空間究竟有多少。現在買新房子時，雖然賣方會告知坪數，但扣掉 30% 左右的公設、陽台或雨遮

後，室內真正能夠規劃的空間，其實所剩不多。

因此買新大樓社區就要有心理準備，你所付出的總價有很大部分是用來買公共設施，包括管理室、大廳與其他會館等。有些人會覺得這樣不划算，但也有人認為這些設施可以為生活帶來便利與樂趣，就看個人取捨與需求。

【中古屋】土地價值高，但屋況不穩定，且貸款成數較低

中古屋價格非常凌亂，不過如果你抓的是大區域，還是能找到一個平均價格。如果買中古屋可以買在平均價格之下，就可以考慮。至於地段，其實在重劃區內一定有更多新房子，可是也因為是重劃區，初期入住一定沒有什麼生活機能；至於生活機能比較好、交通方便的地方，或許也會伴隨著市容老舊的問題，畢竟商圈發展成熟，可以想見該區的屋齡就會高一些。

但屋齡高的老公寓，它依舊值錢。除了地段、生活機能以外，**最重要的是土地持分（擁有的土地權）比例高**。以我自己老家的房子來說，它是民生社區的老公寓四樓，權狀登記 36.16 坪，土地持分約 9 到 11 坪。

這代表什麼意思呢？代表的是你不僅擁有地上物的持分，也有土地持分，這也是許多人願意進行老屋都更的原因，不僅擁有土地持分，老屋還可以因為跟建商合建或改建而分到新的房子，房屋的整體價值又再往上提升。

「房子會折舊，但土地會升值」，即便我現在買了一間很破舊的老屋，但物件的地點在台北市精華地段，就有機會等到都市更新，很有可能屋主只要花少少的錢，就能獲得身價翻倍的機會。因此許多購買老屋的屋主，其思考的方向跟一般人買大樓、預售屋是完全不同的，買大樓住宅假設建地是 500 坪、上面蓋了 100 戶，那你可能也只能分到幾坪的

土地持分，這樣細算下來，其實就真的是買產品本身的價值，而不是買土地了。

再者，中古屋的室內使用坪數夠大，這跟公設比愈來愈高的社區大樓相比，誘因就變得更大了。雖說購買中古屋的好處不少，但也不是沒有缺點。有些中古屋因為老舊，除了漏水、隔音不佳外，再加上可能先前已經歷過多次大地震，即便外觀看不出來，內部結構多少都會有損傷，影響到整體屋況。因此銀行撥出的貸款可能都只有六到七成，簡單來說，成數絕對不會比新房好。

不論如何，想買哪一種房子還是看個人選擇，你可以參考本篇的分析，搭配自身需求，相信一定能挑到喜歡的物件。

35 房屋小知識　💬 附有裝潢，可能是為了掩蓋瑕疵

很多朋友告訴我，有些投資客為了想包裝產品，會用簡單的裝潢掩飾中古屋內有問題的地方，讓人沒辦法一眼看穿。例如壁面可能有漏水、壁癌、白蟻等問題，這些都可以透過裝潢遮掩，讓人一時半刻無法分辨屋況，直到交屋時才發現有這些瑕疵。因此若你想買中古屋，購買前一定要完整了解屋況，否則交屋後問題層出不窮，麻煩的都是自己。

4 貸款

房貸怎麼貸？
又該分多久還清？

前一篇和大家談到各種房屋類型後，這篇來聊聊貸款，畢竟你想買的房子會攸關能貸到多少錢，因此在這個階段先了解怎麼貸之後，你會更明白該準備多少錢才能買房。大部分人買房都不太可能是用現金付清款項，既然如此，跟銀行貸款就是不可或缺的重要課題了。究竟「貸款」該怎麼貸？如何計算可負擔金額？這些都是購屋族會碰到的重要問題。

雖說現代人很難不靠貸款就購屋，但我想提醒大家，**一定要記得「衡量自己的可負擔能力」**，將未來每個變數都納入，才能計算出可負擔的每月繳款金額，千萬別因買房而大幅犧牲生活品質。至於「可負擔能力」要怎麼拿捏，可參考下頁的範例。

不過，表格中的費用還需扣除生活支出、雜支、預期儲蓄金額、未來可預期的花費（如結婚、旅遊經費等），才能評估每月是否能負擔 6萬 4444 元的房貸。如果以上金額、支出都在你的規劃之內，那就可以開始思考「該怎麼貸款最划算？」

> **35 房屋小知識** 💬 **如何計算可負擔的貸款金額？**
>
> - 假設購買房價→ 2000 萬元
> - 「至少」準備兩成自備款→ 400 萬元的頭期款
> - 裝潢費用→ 依個人需求
> - 貸款金額→ 1600 萬元
>
> 以貸款期限為 360 個月、無寬限期，利率為單一利率 1.5% 來計算
> 每月本金平均攤還金額為 **6 萬 4444 元**
>
> ---
>
> ★ 每月本金：1600 萬 ÷360 個月＝ 4 萬 4444 元
> ★ 每月利息：（1600 萬 X 1.5%）÷12 個月＝ 2 萬元

▶ 依個人信用或月薪高低，能借到的貸款金額也不同

　　銀行願意借錢給你，主要會先考量兩大因素，一是「擔保品」，也就是你拿出資產並放在銀行，如果哪天無法還款，擔保品便可讓銀行抵押，作為還款，所以通常都會拿房子的土地與建物，押給銀行作為擔保品，再把錢借出來作為房貸。因此，如果買了房子卻繳不出貸款，銀行就會把房子（擔保品）拍賣出售。

　　再來是「還款來源」，這個來源會影響到貸款的利率、成數甚至是期數，你可以貸到 20 年、30 年或 40 年，都跟你的還款來源有極大關係。常見的還款來源是借款人的「收入薪資轉帳證明」，或是名下的資產。基本上若你的月收入高，貸款條件自然會因為月薪高低產生巨大差距，因為銀行可以明顯地從收入看到借款人的還款能力。

此外，是否為本人買房、夫妻雙薪買房，或是有無保人能為你做擔保等，這些都會直接成為衡量還款能力的標準。

▶ 成屋貸款相對單純，主要依靠銀行估價而定

了解貸款來源後，接下來就是貸款金額了。在這裡我們假設房貸的擔保品都是房子，這就是銀行主要估價的產品，並以此來比較成屋及預售屋的估價難易度。

成屋因為已經蓋好，再加上有實價登錄可參考，所以銀行在估價時相對容易，會依照周邊行情、屋況等確認房屋的實際價值，再用這個總數去推算貸款成數、分期與利率等。過去我們在看成屋時，都會單純的認為「頭期款兩成、貸款八成」，**但根據擔保品狀況及個人還款條件，也有可能無法貸到八成，所以建議大家在估算自備款時，一定要相對充足。**

---

35 房屋小知識 💬 **有無裝潢，原來會影響貸款成數？**

同樣是舊屋，沒有裝潢跟已經花錢裝潢的空屋，在市場上會有不同價格，因此銀行人員來鑑價時，他們認定的價值也會不同，自然會影響到貸款金額的高低。我們將這種有裝潢的空屋稱為「含裝貨」或「裝潢配套」。

也就是說，如果沒有裝潢，空屋鑑價為 2000 萬，但裝潢後為 2200 萬，假設都能貸到八成，空屋總價 2000 萬的八成是 1600 萬，但總價 2200 萬的含裝貨，八成貸款則是 1760 萬，兩者相減，貸款總金額居然差了 160 萬！在同樣的貸款條件及貸款成數下，含裝貨的銀行鑑價更高，可獲得的貸款會高出許多，這當然也會影響到買屋者後續的現金流了。

▶ 預售屋分階段付款，還有機會借到無息貸款！

再來則是預售屋的部分，既然是預售就表示還沒蓋好，剛開始都是拿不到產權的，既然沒有產權，就沒辦法拿這個房子去跟銀行借款，所以在下訂初期，暫時不會遇到貸款問題。但預售屋要先付出的費用包括訂金、簽約金、預收款、開工款、工程期款等，假設建商要求訂簽 38 萬，就表示可用 38 萬下訂喜歡的戶別。

之後建商會在開工時收一筆「開工款」，工程期間則可能會有「工程期款」，大致分為兩種模式：

1 不收工程期款，但完工後必須完全付清頭期款。
2 按照工程進度，分階段支付％數不等的工程期款。

目前比較常見的是第二種，這種也比較接近分期付款的方式，讓已購戶按月均攤款項。有人認為按月繳款比較不會有一次拿出一大筆錢的壓力，但也有人覺得一次付清可以讓人有存款動力，就看個人習慣。

假設訂簽需總價的 10%、工程期款也是總價的 10%，2000 萬的房子其實你只要準備 400 萬，若交屋期是 24 個月，那代表你只要在 24 期內分期繳完 400 萬，甚至不用負擔利息，在這個過程裡還可同步儲蓄後續貸款，這就是預售屋降低自備款壓力的好處。

當預售屋蓋好後，才會進入到交屋簽約、拿到產權的階段，在這之後才會又回到前文說的貸款步驟，而建商通常有配合的銀行，如果購屋者剛好是配合銀行的長期往來戶或有其他優勢因素，那就「有機會」可以爭取到比較好的貸款條件。

此外，建商為了刺激消費者買房，也深知消費者可能自備款不足，或礙於還款壓力太大而不敢下手，他們除了將自備款的繳款壓力分散在建設期間之外，偶爾也會提供「無息貸款」。很多事情談一談就知道，不要抗拒跟建商談貸款的問題，還是有很多業者願意幫助大家買房，畢

竟對他們來說，房子最終還是希望能賣出去。

▶ 房貸該貸幾年？視個人能力來決定

多數人認為「貸款年限愈長愈好」，不過也有部分民眾覺得「貸愈久利息愈多，不划算」，但其實這都沒有絕對衡量標準，應該從以下兩觀念來考量：

❶ 無論貸款年限長短，銀行利率都是一致的

貸款年限主要仍是依「個人還款能力」來評估，無論貸 20 年還是 30 年，銀行利率均不會有所不同，僅總繳利息與年限成正比。**因此若「月繳款金額」可維持在總收入的三至五成內者，選擇貸款 20 年較優，不僅可以儘早還完，繳給銀行的利息也較少。**

❷ 銀行通常會以「貸款者年齡＋貸款年限 ≦ 75 歲」為標準

假設王小姐今年 25 歲，選擇貸款 30 年，25 ＋ 30 ＝ 55，等於王小姐在 55 歲就可還完貸款，這個年紀基本上許多人都還在工作，仍有收入、具有還款能力。但如果今年已 50 歲，又貸款 30 年，屆時已 80 歲，就得衡量那時的自己是否還有能力還款了。

但這裡也要提醒大家，貸款最終還是要還的，貸款愈多，當然日後要還款的壓力也就愈大，所以買房仍舊需要精打細算，每一分錢都要花在刀口上，不能浪費。

辦理房貸不困難，7 步驟就完成！

選擇貸款機構
確定貸款成數及利率。

申請貸款
需要的文件包括：
‧貸款申請書
‧借款人及保證人身分證、戶口名簿影本
‧扣繳憑單、報稅證明、薪資等所得證明文件
‧房屋買賣契約書
‧土地與建物謄本，或不動產權狀

不動產鑑價
根據物件所在區域、成交行情或實價登錄等，進行估價。

銀行審核
銀行會根據借款人的收入來源、信用情況或名下財產等因素進行審核，來決定貸款條件是否成立。

簽約對保
當銀行核准貸款後，會聯絡借款人進行對保，即跟銀行簽訂借款契約。屆時借款人及保證人皆需到場。

抵押權設定、辦理火險和地震險
在銀行撥款前，還需經過抵押權設定的程序，並辦理火險及地震險。

銀行撥款
確認交屋時間後，銀行會進行撥款。之後借款人則需在每月的扣款日前，將款項存入扣繳房貸的帳戶中。

5 房源

代銷、房仲、屋主，
該跟誰買房子？

　　初入購屋市場時，通常都會被這個行業中的各種專有名詞嚇到，上購屋網站會看到各家房仲業者的名號、到預售屋現場又會遇到代銷，有時甚至還會遇到屋主，實在不清楚他們到底能夠提供什麼樣的服務。但重點是，不論你現在想買還是賣房子，了解這些窗口的功能與專業都是必要的，一方面是在溝通時不會產生落差，再來也是保障自我權益，不會因為不懂而被不肖業者欺騙。

　　我很難一次告訴你，究竟該跟誰買房會比較合適？因為每個人的購屋需求、條件與環境都不一樣，因此我才會說，若你能先了解目前市場上最常見的這幾種銷售模式，從理解他們的背景及可提供的服務下手，就能知道賣方可提供給你什麼樣的幫助，以及雙方在交易時又該多留意哪些事。

【代銷公司】以銷售預售屋為主，採一案全包的模式

　　代銷公司可說是台灣獨有的「發明」之一，國外的房屋買賣大多是透過開發商、建商處理，他們可以一次發給許多個房屋仲介公司銷售。

但台灣的代銷公司是完全不同的經營模式，簡單來說，**代銷是一個提供「代替別人銷售」服務的公司**，其中最常見的銷售模式為「包銷」，就是代銷將整個建設公司蓋的案子全部包下來，從廣告到銷售都由他們執行及規劃。廣告部分則從線上的網站廣告、臉書社群操作，到線下看板、公車、路牌等，都由他們經營。

由於台灣的代銷市場蓬勃，當建設公司把案子委外銷售時，表示已接受對方的提案，提案內容小到臉書貼文、大到整個銷售策略等，都可能在這個階段就已經設定好。正因為提案內容與建案本身息息相關，也因此代銷在拿到案子之前，就必須先拿到格局的規劃、圖面、隔間等。

至於建案能賣給哪些主流客群，及周邊環境的生活機能、優劣勢、未來發展與規劃等，代銷也必須要詳細了解，才能提案報價。唯有知道這個案子的賣點在哪裡、主力銷售客群會是誰，才有機會進一步拿到案子，成功完銷。

再來就是等接待中心落成後，讓代銷人員進駐銷售，直到完銷或結案為止。這樣一個案子執行下來，代銷公司可以向建商申請 5% 到 6% 的佣金。簡單計算，假設這個案子完銷之後的總價為 10 億元，代銷可申請到 5000 到 6000 萬元不等的佣金，他們會用這筆佣金去生產、規劃所有的輔助銷售配套。

別以為這樣很好賺，因為代銷要為建設公司做的事情非常多，包含日報表、週報表、客戶回報、檢討會議等。畢竟建設是個相對傳統的產業，很多觀念其實還很保守，如果顧客相對年輕時，代銷、建商與年輕人之間的溝通與行銷方法，就會有些落差。平均來說，代銷從業人員因為要理解、學習的事情很多，所以大部分代銷公司不會讓剛入行的員工接觸客戶，相對資深的跑單（銷售員）、專業經理、主委等，才有機會正面跟客戶介紹、談銷售。

既然代銷會接觸到銷售，勢必也必須跟客戶議價。消費者都想買到最好的價格、最理想的位置，但其實你想買哪個樓層、底價多少、可否

多配一個車位等問題,必須等代銷和建設公司開會,一戶戶談價格與配置後才能知曉,這些技巧其實全都是學問,由此可知,代銷在賣房子時,相對也受到較多規範。

【房屋仲介】手上的屋源以中古屋為主, 成交後會收取費用

如果想找新成屋、中古屋,大部分的人可能會透過房仲處理。說到房仲,可能會先聯想到「帶看」這個服務,但其實真正進行到買賣,中間還有許多服務細節是你我可能會忽略的。

房仲在整個交易過程裡,真正的角色意義是「保護買賣交易權益的公正第三者」,簡單來說,房仲對於交易物件,包括物件瑕疵、買賣過程、買方資格、買賣文書處理等,買賣雙方都會希望經由「他」順利完成,讓交易獲得保障。

這群人非常龐大,銷售所需具備的知識也很複雜,相對做起來也很辛苦。正因如此,如果希望透過房仲買房子,就需付出相關費用,也就是俗稱的仲介費。依據內政部頒訂的「不動產仲介經紀業報酬計收標準規定」,**房仲業者或經紀人員向買賣之一方或雙方收取的服務報酬總額,合計不得超過該不動產實際成交價金的 6%,其中買方最高為 2%、賣方為 4%(但內政部沒有硬性規定買賣雙方的 % 數要相同)。**

【屋主】不透過仲介買房,需自行承擔風險

但你或許會想問:「可以不透過仲介,直接跟屋主買房嗎?」答案當然是沒有什麼不可以,只是你必須清楚背後的風險及要做的功課。我聽過的案例是,朋友的鄰居想賣房,因此雙方講好不透過仲介交易。沒

想到朋友買下之後才發現，房子早已被借了二胎、三胎貸款，但在買賣之前鄰居並沒有告知，朋友也不懂應該要做這些檢查，糾紛就這樣產生。

如果是透過仲介交易，上述狀況發生的機率就是微乎其微，畢竟一般人並非專業的房屋買賣人員，若不懂權狀、相關法規等，很容易會掉入陷阱裡。當然，如果你在買賣的過程裡，仍然覺得自己可以承擔及處理這些風險，那麼我的建議是，**若想再保險一點，就找一個專業且值得信賴的代書為你做簽約服務。**

選擇自己可以接受的交易方式與費用，才能避免在買賣過程裡發生不愉快。買房不是件簡單的事，每個決定都要深思熟慮，千萬別因一時的心急或衝動而悔不當初。

35 房屋小知識　💬 買賣房屋時，代書能幫我做什麼？

代書主要的工作是，代辦土地和不動產交易的法律文件申請及相關服務。因此，代書在協助雙方簽約時，他的工作職責中就包含要協助買方再重新對物件做一次調查，包括漏水、違法加蓋等，以及是否為海砂屋、輻射屋，甚至是凶宅等，也必須負責清楚解釋權狀內的條文及細項，包含貸款內容、是第幾手交易、有無被預告登記、是否有抵押或二胎擔保等，這些代書都會幫我們查清楚。

常然，由於委請代書幫忙處理這些事項，因此在交易完成後，也必須支付代辦費用。目前許多事務所都將費用細目公布在網站上，若有需求，不妨在委託前先了解，避免產生糾紛。

6 建商

品牌這麼多，
該怎麼挑？

　　我們平常購物時，免不了看品牌來選擇，你或許會好奇，買房也要看品牌嗎？不妨讓我們先從十大建商推案量排行榜看起。2019 年到 2020 年因為大環境關係，房價又逐步起飛，整體房市的討論度也變得很高，在過去幾年都落到相對低點的區域，2020 年因為熱錢流入市場，又再一次推升房價走勢。正因如此，各家建商也湧現推案潮，2020 年前十大推案量建商如下圖：

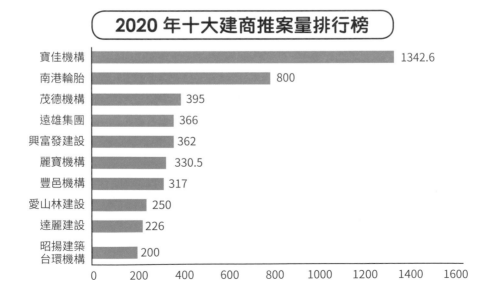

2020 年十大建商推案量排行榜

建商	推案量
寶佳機構	1342.6
南港輪胎	800
茂德機構	395
遠雄集團	366
興富發建設	362
麗寶機構	330.5
豐邑機構	317
愛山林建設	250
達麗建設	226
昭揚建築 台環機構	200

簡單來說，這些排名前十的建商，都是大家叫得出名字且品牌聲量夠，推案量更是不小，對想要買屋的族群來說，能見度比較高的建商就成為買房的依據之一。但說真的，建商也需要「品牌迷思」嗎？名聲大、夠響亮，難道就和品質或售後服務畫上等號？我們可從這幾方面來看：

▶ 品牌迷思：大建商 vs. 小建商

　　品牌建商多數都會是大家叫得出名字，或是有上市上櫃的公司，這種知名度較高的不動產商，廣告量也比較大，你很容易在電視、路邊看板或是網路上看到他們的廣告。為什麼？其實很簡單，不動產背後的建築工法、設備、格局等相關技術與知識，很難在一時半刻內向消費者說明清楚，於是建商必須先用一些能夠深植人心的感性廣告來訴求形象，吸引大眾的注意。

　　這些廣告形成了品牌，成為一般人對於建商的刻板印象，比方有些建商你一聽到名字，可能第一時間就會聯想到「豪宅」、有些則會想到「格局方正」等，這些印象與聯想，都會影響大眾對於建商品牌的信任。

　　對我來說，我自己不會完全只看品牌，這不會是我挑房子百分之百的依據，但可能會是參考資訊之一。說起來很拗口，但意思就是，品牌確實有可信之處，但也不是絕對保證。原因有很多，大致可分成兩點：

❶ 品牌建商體系大，銷售系統相對完整

　　品牌建立不易，這些大型建設的品牌要維護形象，也不如想像中簡單，所以相對來說，他們在許多銷售環節會做得比較完整，這或許是無庸置疑的。例如我知道這些建商大部分都備有免費的客服專線，讓消費者隨時都找得到人；而也因為企業組織大，對於一般小型建商沒辦法顧及到的細節，他們都有機會提供更好的服務，例如售後服務與諮詢、協助成立管委會等。

❷ 品牌知名度高，保值性也可能較高

　　這些品牌建商因為知名度高，所以在二手、三手轉賣時，都還會有很高的保值性，甚至是增值空間。一直以來，不動產都存在一個很重要的購買條件，就是「土地稀有性」。一個地段、一塊地，就是只能蓋這麼多房子，在這個區域裡的品牌建商，可能又只有一兩個案子在這一區，因此在喜歡的區域裡又有知名建商可挑選，雖然價格還比同區其他建案高一些，消費者也還是買單。

　　既然在同一個區域裡，某些建商可以賣得特別貴，表示消費者也不笨，建商要賣得比別人貴，就一定要有可以說嘴的東西，或是與其他物件比較，就可以明顯感受到「貴」的價值性，否則怎麼可能賣得出去。蓋房子這件事本身就牽扯了很多不同因素，進而影響了定價，我們可以簡單粗分市場上的建商為兩大派系，一是上述這種老品牌、大建商或是豪宅派；另外一種則是市場派，以價格親民、可以快速順銷取勝。

　　市場派的目標就是獲利，並且取得穩定又龐大的現金流，也因此這類型的建商都會選擇較佳的地理位置，藉由快速開案、建造、交屋以達到目的。這些案子的品質為了搶快、壓低成本價格，可能蓋出來的商品品質只有 60 分，但訂出大眾都可以負擔的價格，自然也會有它的市場。

　　並非這些案子的產品就一定不好，只是我們可以這樣推算，豪宅品牌一年可能只推兩案，總計四百戶，但像這種市場派的大型集團，一次可能就推上萬戶的案量，相比之下，同樣是 1% 的瑕疵率，豪宅會出問題的只有四戶，但市場派會聽到的問題，可能就是上百戶了。**不良率是一樣的情況下，套用在相對大的量體裡，出包率自然就高。**如果想要賣相對低廉的價格，但也要賺得到錢，那自然就得從成本開始節省。用料、施工品質、品管、人員施工的薪水等，都是可以省錢的範圍。

▶ 對建商來說，廣告看板往往是最快吸引消費者的方法。

▶ 在地建商：深耕派 vs. 短線派

　　有關在地建商的部分，我也必須正反並陳的告訴大家實情，再次強調，我不是要幫助大家判斷誰好、誰壞，或是踩在某一方的立場，指責另外一方。而是房地產市場確實很複雜，我只能用我的專業與角度提供一些思考的面向與工具，幫助大家未來在面對每個建案時，能有一些判斷的依據與標準。

　　有些在地建商如果只出一案，那就會有很多不安因素在內。第一，他們有可能就是為了蓋這個房子才成立公司，但也有可能是某某公司的某某股東跳出來，成立的另一個建商品牌，在蓋完這個建案、賺完一波短線後，就會離開市場。

　　房子交屋後找不到建商承擔後續保固責任與售後服務，對消費者來說是很大的損失，而建商品牌太多，在地建商對我們一般消費者來說又比較陌生，當我們不可能每間都深入了解其背景時，就必須從推案的數量與時間來判斷。

　　反之，如果是深耕當地許久的建商，可能有很多品牌建商沒有的優勢，像是可能是當地的大地主，或在當地經營的不是只有房地產，甚至包括幼兒園、餐廳、旅館到健身房等領域，都有它的蹤跡，可以明顯感

覺到這家建商在當地有一定的影響力與品牌力。這種跨業態的建商，通常都是在地有影響力的大家族，他們對於名聲、品牌形象都會特別注重，畢竟當建案出問題時，會引起連鎖效應，地方上的流言蜚語對他們而言最傷根本。

此外，在地建商由於家族在當地經營許久，很早就開始投資土地，也可能是祖傳家產，因此土地取得成本通常較低廉，這種情況下就有機會推出「蓋得比別人好一點」、「售價比別人便宜」的建案。

許多人會在買房群組裡看到不能買或有問題的建商名單，說到底，我認為有時還是得多做點功課，多了解這些建商背後的經營目的與建造過程等，買房時才會比較踏實。**總之，買房看建商不是不行，只是單看「品牌」往往會陷入過度淺薄的迷思之中。**

▶ 已購戶心得、網路討論：適時的意見回饋，反而能幫建商做得更好

同樣的，在資訊流通快速的情況下，上網搜尋就能看到網友對相同建案的不同看法。或是有些案量較大、銷售期拉得較長的建案，也有可能會有已購戶分享入住心得、與建商往來的感受等，這些資訊都很實際，參考價值也很高。

現在的建案都必須通過國家安全規範，才能讓消費者入住，我們也不能總指著別人的鼻子罵，我自己也有朋友就住在別人口中有問題的建案裡，但他住得很舒適、感覺很好。有時候建商所瞄準的客群不同，推出來的案型也不太一樣，而當土地成本水漲船高，建築成本自然也會被壓縮，造成現在市場上看到的這種情況。

不過現在的消費者也很聰明，消費意識也逐漸抬頭了，每個產業都會因為消費者的即時回饋而變得更好，房地產市場也不例外。相信建商也都清楚明白自己在市場上的風評與定位，而這些意見也都會回饋到他

們接下來的策略上，未來的產品應該要怎麼改良才有競爭力、怎麼做才能博得消費者信任等，都會是他們接下來必須考慮的事情，畢竟不可能會有人反其道而行，做消費者不喜歡的商品而讓自己蝕本。

> ### 35 房屋小知識 　有問題馬上處理，才是建商該有的態度
>
> 　　房子的建設過程及用料雖重要，但建商的「售後服務」也必須要注意。我到目前為止其實沒看過從來不出包的建商，**但能不能做到完整的事後彌補與處理，才是重點。**
>
> 　　並不是說房子在交屋時完美無瑕，但住進去才發現瑕疵，是常見的事情。但一家負責任的建商應該是，在消費者入住後發現有瑕疵或品質不佳等問題時，只要接到申訴電話，就會立刻派人來處理，跟完全不管、一再拖延的態度就是天壤之別，給人的感受也會完全不同，這時你就會感受到，為什麼有些建商敢開高價的道理了。

7 營造

想了解房屋品質，該看的是營造廠？

若想確認建案品質，背後要了解的事情實在太多了。但最簡單的方法是從公開資料上探查，即建案背後的建設公司及營造廠的品質與口碑。不過，你可知道營造廠跟建設公司的差別？要從哪裡才能得知營造廠的品質或品管呢？

我們可以用簡單一句話說明，**建設公司就是統籌者，是面對消費者的品牌；而營造公司才是執行者，是真正的工廠**。前者的功能比較偏向找資金跟土地，但仍需要具備蓋房子的基本專業與態度；營造廠則可能會幫不同建設公司的品牌代工其產品。就像我們買東西會先看產地，日本製、台灣製、美國製的價格都不太一樣，帶給人的安心感也不盡相同。而營造公司承攬的是整件工程的風險，過程中可能會造成意外死亡、受傷，大大小小公安不計其數，因此負責的技術人員都該要有相關的專業證照及執照，以保證工程能按圖施工。

營造業大致又分成三種，包含專業營造業、土木包工業與綜合營造業。第一種專業營造登記的工程比較單一，可能包含鋼構、擋土支撐及土方、預拌混凝土、地下管線、防水或環境保護等工程。第二種土木包工業，算是較小型的土木工程業者，專門承攬大型營造商外包的小工程。

最後一種綜合營造業，即是我們常說的甲級、乙級、丙級營造廠，可以承攬各項工程，並且領有土木、水利、測量、環工、結構、大地，或水土保持工程科技師證書、建築師證書，這些相關專任的工程人員都必須要有一名以上。另外，甲級營造廠資本額需要 2250 萬元以上、乙級為 1200 萬元，丙級則需要 360 萬元。

　　除了資本額外，若想升級也必須有業績，舉例來說，丙級綜合營造業要有三年業績，五年內其承攬工程竣工累計超過新台幣 2 億元以上，而且評鑑兩年都為第一級者，就可以升級到乙級；乙級綜合營造業也一樣需要有三年業績、五年內承攬工程總金額達新台幣 3 億元以上，並評鑑三年都為第一級者，才可以升為甲級。

　　由此可知，一間甲級營造廠的誕生真的不容易，它一定是從丙級慢慢上升，也不會因為今年生意特別好就馬上有升級機會。此外，甲、乙、丙級三種營造廠，其可施工的範圍及造價限額也不同，我們可以參考如下表格中的說明：

各等級營造廠的比較表

	丙級	乙級	甲級
承攬造價限額	2700 萬元	9000 萬	資本額十倍以內的工程
建築物高度	21 公尺以下	36 公尺以下	不限制
建築物地下室	開挖 6 公尺以下	開挖 9 公尺以下	不限制
橋樑跨距	15 公尺以下	25 公尺以下	不限制

　　甲級的工程範圍沒有受到限制，但承攬造價限額則以資本額為標準，所以我們會看到有些甲級營造廠的資本額只有 2000 多萬，但有一些會到 8000 萬或是 2 億、10 億的資本額，就是因為想接更大的工程。舉例來說，台北市某豪宅的營造廠，其資本額有 8 億，代表可以接到新台幣造價 80 億的工程。

▶ 選甲級營造廠就對了？評價怎麼看？

這樣看起來，甲級營造廠就特別好嗎？其實也不一定。以台北市為例，2020 年第四季登記在案的甲級營造廠就有 529 間，全台灣則有 1 萬 9 千多間。

營造廠不管大小，真正的差異不在於規模，而是經營理念及施工團隊的專業度、心態等。當然，這也會牽扯到建設公司與案件成本，如果建設公司想省成本，在工程管理上就無法做到完全一等一的品質，很多工程是人一定要足夠，才有辦法做到最好的水準。

不過有口碑的營造公司，多半對品質要求很高，如果預算太少，會寧可不接案，也不願意做不符合品質的產品。這就是為什麼很多人說蓋房子一定會遇到不良率的問題，因為很多時候在工程管理、營造規劃上，某些營造廠只願意在這個案子上花十個人的成本，但如果你願意再加三到四個人，就有機會做到接近完美的狀態，建案可執行人數不同時，工程就可能產生很大的差異。

再來，同樣是甲級營造廠，在蓋透天厝及蓋摩天大樓時，等級指數又完全不一樣了。蓋透天厝時，有可能基地很大，總營造工程的營業額也非常高，但每棟只需蓋三層樓、四層樓。若是蓋摩天大樓，其工程難度絕對超乎一般別墅產品。

▶ 營造品質的關鍵在「人」，而非公司資本

工地人員的素質及專業度，可能會左右整個工地建造的品質與態度。優良的營造公司會願意長期用高薪聘請上述人員，這些人所帶來的現場管理，也會讓整個營造工地的氛圍完全不同。整體來說，好的營造公司在人事上的管制非常嚴格，除了重視工程品質、施工環境的工地安全外，也會對自己的產品負責，為消費者把關。

　　另外一個關鍵在於營造廠的規劃能力。通常建設公司會有自己的建築師，或是外聘建築師來畫圖。建築師畫的圖有些比較偏向設計圖，如果是資深或經驗豐富的建築師，會連同後面的工程圖都畫出來，意即將後續所有執行面可能會遇到的困難或障礙，都一併考慮進去。如果今天的圖面都是以設計為主，在執行上沒有考慮過詳細操作的障礙，那麼之後可能會需要更改，或是在建造時沒辦法百分百完善施工。

　　蓋房子這件事情，第一次、第二次、第三次，跟蓋了五十次、八十次跟三百次，是完全不同等級的，所以很多小型的建築師事務所及建設公司，在規劃上很容易因為經驗而受限。為什麼經驗這麼重要？因為一間房子要做的工程非常多，包括模板、泥作、景觀、鷹架及機電工程等，要花費的材料及人力實在是難以計數，因此營造廠的發包還有整合方式，也是考驗其規劃上的能力。

▶ 房屋品質好壞，和營造廠的人員素質也有關。

▶ 建設公司有「自己的」營造廠最好？

　　現在也有一些營造公司自行經營建設品牌，有點類似工廠自售的概念，自蓋自銷。不過，這樣的營造公司就是品質保證嗎？坦白說未必，可能好壞參半。

　　因為建設公司自行成立營造廠的原因，不外乎三個：第一是成本考量，自己找地自己建，絕對比找其他營造廠合作便宜；第二個好處是品質控管，因為是自家開的，可以直接管理營造公司的人員；第三是除了自家的建案外，還可以蓋別人的房子，意即當沒有案子要推時，該營造公司還能去接外面的案子。

　　建設公司有自己的營造廠，當然有利於成本的控管，可是這些成本的控管，是否會回饋到消費者身上？我覺得還是會，但商人最終仍希望利潤愈高愈好，所以最終回饋究竟是如何，我們也很難知道。

　　營造公司其實跟建商品牌很像，終究還是要看其在市場上推出的大部分產品內容。天下沒有白吃的午餐，一分錢一分貨，若希望品質優良，勢必要付出對等的金額。

**35 房屋
小知識**　💬 **勤走工地，能獲得第一手消息**

　　透露一個小撇步，如果你想知道營造公司在某個工地的工程品質，最簡單也最直接的方式，**就是直接跟工班打聽現場的狀況**。我以前就做過類似的事情，直接到工地現場跟工人閒聊，了解狀況，他們其實都很願意講，會真實的告訴你這個案子蓋得好不好、品牌是否有問題，整體的管理方式又如何等。這些都是第一手的消息，如果老是聽到材料短少、人員素質良莠不齊時，那該建案的品質就可想而知了。

8 坪數

2 房、3 房，
到底該買幾坪的房子？

　　如標題所言，本篇談的是你實際會使用的坪數。首先，我們得先對「坪」有概念，很多人會說 1 坪就是兩塊榻榻米的大小，老實說，這可能還是比較模糊一點，實際上 1 坪就是 181.8 公分 ×181.8 公分。有些人也會算地磚，但要記得地磚有大有小，有些是 80 公分，有些則是 60 公分，甚至也有 30 公分的，需自行計算。接下來我們實際就各空間來說明坪數：

● 客廳

　　通常會有的家具是「沙發」、「茶几」與「電視機」的擺放位置，除了要放得下一張約 190 到 220 公分長的三人座沙發，沙發背至電視牆還需抓 3 公尺左右的距離，才能擺放一台 50 吋的電視，再加上一些系統櫃、書櫃，整體大小視需求，約需要 3 到 4.5 坪。

● 餐廳

　　標準的四人餐桌差不多是 80 公分 ×120 公分，再搭配四張椅子，一張椅子大概 45 公分 ×45 公分，還要再加上拉出來的距離，這樣算起

來，餐廳應該要 1.5 坪左右，空間才足夠也不會顯得太擁擠。

● 廚房

假設是正規廚房的空間，包括放置雙口瓦斯爐、電器櫃及冰箱的位置，這樣至少也要 1.5 坪或 2 坪才夠，這也是為什麼近期很流行開放式廚房的原因，就是為了要節省空間，把廚房和餐廳連結在一起，用中島或是吧台的形式，讓中島同時具備餐桌及備餐台的功能，就可以省下不少坪數挪作他用。

● 浴室

一般我們會規劃一個面盆及鏡櫃、淋浴間、馬桶，以基本的三件式配置為主，就很好估量大小。你可以設想自己如廁時需要的空間，前後大約抓 1 到 1.5 公尺的寬度，接著淋浴間抓 0.5 坪、面盆與馬桶還有雜物放置區約 1 坪，總和抓約 1.5 坪即可。

● 臥室

室內主要家具配置為雙人床、衣櫃，剩下的梳妝台、床邊櫃就要視空間大小而定；雙人床一般大小為 152 公分 ×188 公分，再加上兩邊的走道，這樣一張床就會占去 1 坪左右；一個標準單人衣櫃為深 60 公分 × 寬 90 公分，兩個人就要占去 180 公分的寬度，說不定還不夠。這樣相加後，主臥室至少都要 3 坪；至於次臥或是小孩房，若都是預備放置單人床，則一間可扣掉半坪。不過如果你是在思考三房兩廳要配置兩大房一小房，還是標準三房、甚至是一大房兩小房等，就得看你的需求或房子原本的條件了。

以上大致就是一般家庭會需要配置的空間，以及各自所需要的坪數，整理後如下表：

一間房子需要的基本坪數

空間	坪數
客廳	3〜4.5 坪
餐廳	1.5〜2 坪
廚房	1.5 坪
衛浴空間	1.5 坪
主臥室	3 坪
次臥室	2 坪
走道與玄關	1 坪
兩房一廳所需要的基本坪數：約 13.5〜15.5 坪	

　　前文提及的坪數中，「全部都不包含走道和玄關」，所以表格還加上了走道跟玄關，共 1 坪的空間，因此室內實際坪數一定要 13.5 坪以上，才能隔兩房一廳，而且這還是在很緊繃、空間運用到極致的情況之下。

　　另外，這裡也沒算進工作陽台，想像一下洗衣機加曬衣空間，不包含烘衣機或其他雜物，基本上也需要約 1 坪，這個小細節是看房時要特別注意的。

⏵ 有牆才能隔間，別忘了算進坪數內

　　上述內容說的都是「使用空間」，但是可別忘了家裡還要有「牆」，才能把位置跟房間隔出來。牆壁分成三種，第一種叫「隔戶牆」，就是用來隔出你家與隔壁戶中間的那道牆，基本厚度是 15 公分，兩戶各占 7.5 公分。

　　第二種叫「隔間牆」，用來隔開兩個不同空間。這種牆又分兩種，一種是實牆磚牆、另一種為輕隔間牆。一般的實牆隔間大概是厚 12 公分，而輕隔間約厚 10.5 公分。還有一種是用系統櫃隔間，它同時具備櫃

▲ 用拉門當隔間雖省空間，但隔音較差。

體與隔間的功能，不過要注意的是，**系統櫃的隔音效果非常差，若是單身或夫妻居住，可能較無妨，但有孩子的家庭就不太適合了。**

　　總而言之，在規劃空間時，除了注意每個空間所需要的基本坪數之外，還要計算每一道牆壁的厚度，這也是為什麼很多人會想省隔間，因為每省一道牆，就會讓空間更開闊。

⊙ 除了大小，也要注意室內高度及樑柱位置

　　如果想在同樣的權狀面積內，擁有更大、更好利用的空間，「往上長高」是不錯的選擇。同樣是 24 坪的室內空間，當一個高度是 3 米、另一個是 3 米 5 時，後者的使用空間就會變得完全不同。試想，同樣做

一個頂天的衣櫃，3 米 5 的會多出近 50 公分的使用空間，收納的功能性便完全不同。所以我常提醒大家買房時，挑高物件的空間容積絕對不一樣，如果你有兩三個單價差不多的物件在選擇時，「高度」也是一個可以作為比較優劣的條件之一。

　　注意完高度後，再看看房子裡的樑柱是在室內還是室外。當然做在外面比較沒有壓迫感，室內空間不會被樑柱占走，更不可能會有畸零角落出現，讓空間變得不好利用。另外還有上方大樑，大多數人認為大樑和風水有關，也有人覺得樑柱壓頂會有壓迫感，居住舒適度較差，但不管是什麼理由，確實都會造成空間被壓縮，這時就必須多靠設計修飾，來虛化樑柱的存在感了。

　　最後還是要跟大家分享一個觀念，當然空間愈大，住起來會愈舒服，但買房一定要量力而為，因此在有限的經濟條件下，不管大或小，只要住得下、可以遮風蔽雨，能感受到溫暖與溫馨，就是最好的空間了。

▶ 當室內挑高時，通常上方都能多出一個使用空間。

💬 **精算坪數，要看的是「得房率」！**

　　顧名思義就是「整間房子的室內空間，占權狀的百分之多少」，依照這個定義算出來的得房率，會是一個百分比，公式如下：

得房率

$$\frac{主建物面積 \; + \; 陽台面積}{權狀面積} \times 100\%$$

　　以台灣為例，得房率大部分會在 60% 到 70%，如果是在 70% 以上，代表得房率是非常優秀的。由於大家都很在意坪效、室內實際空間的使用狀況，因此除了實際坪數，更重要的是格局。如果建案是狹長型的格局，一定有很多走道空間，走道就是虛坪；有些則是室內有非常大的樑柱，這也要算在坪數內，且樑會吃掉容積，沒辦法做挑高的收納設計，柱則會影響更多的室內規劃與設計。此外，愈高的大樓、愈低的樓層，樑就會愈大愈粗，因為低樓層需要更好的承重力，水泥磅數一定比較多。

　　以權狀面積 35 坪的房子為例，假設雨遮占了 6%，就是少了 2.1 坪的雨遮登記，所以公設比就會從 33% 拉高到 35%，可是實際上使用到的面積還是一樣大。**簡單來說，房子的得房率好，坪效相對會高一些，但公設比低，卻不代表坪效一定好。**

9　小宅

小坪數到底好不好？
＋1房可以買嗎？

有陣子主打適合一個人或情侶居住的套房，大多位在交通精華地段、坪數小但總價又在可負擔範圍，在市場上非常熱門，也有人說可以買來收租，在租屋市場的價格也不錯。因此你可能會好奇，這樣的小坪數房子是否真的值得購買？

回到最根本的源頭，小宅產品到底為什麼會出現、要賣給誰？其實從台灣的小宅市場狀況就可以看得出來，它常出現在房價最高或周邊地段。既然是精華區，交通條件一定很好，主力客群就會被鎖定在沒有交通工具的單身族群。

另外，對建商來說，土地成本與建造成本愈來愈高，而購屋族可以負擔的總價仍維持在千萬上下，自然房子的坪數就愈來愈小，再加上少子化，兩房甚至1＋1房的產品就變得愈來愈多了。

▶ 「＋1房」遍地開花，CP值超高？

如果真的需要買這類小宅產品時，該注意哪些事項呢？近來市面上

常出現一種文案，即 1 ＋ 1 房、2 ＋ 1 房等產品，後面多的那個「1」，很容易讓人誤信是一個完整的房間。不過，所謂魔鬼都在細節裡，就我個人經驗，如果是完整的一間房，就不會打「＋1」這種文字，而會寫正 2 房、正 3 房。

這種產品會出現的根本原因在於，目前雙北能接受的總價帶落在 1300 到 1500 萬，為了在有限的土地上做出最極致的坪數規劃，這種「＋1」房型便因應而生了。不過，這樣的規劃本身就存在一定的問題，**表示建商在規劃產品時，可能是以「價格」為核心，而非居住者的使用習慣**，一旦如此，整個產品恐怕只有價格是可以接受的，其他如動線、居住空間跟需求等，或許都不符合期待（當然，一定也有不錯的小宅產品，多看多比較自然就會了解）。但當這個地區的房子蓋一棟、賣一棟、少一棟時，這樣的「＋1」產品就仍有一定的市場。

◀ 小宅常會將廚房、餐廳和客廳三合一，強化空間使用機能。

因此，我還是要再三提醒，「居住空間」才是買房的第一要項，如果那個「＋1」房根本無法當成真正的房間使用，最後只能充當儲藏室時，也是一種空間浪費。我之前在影片裡也不斷強調，再小的房間都該有 2.5 坪，才放得下衣櫃跟床，所以千萬別被總價數字迷惑，回歸自己的需求才理智。

▶ 投資客才買套房？關於小宅的投報率

　　最後是關於投資小宅的問題，過往常有人認為只有投資客才買套房，買了就是要拿來收租而非自住。不過，如果現在問我買賣套房是否還有套利空間，我自己的看法是「產生很大價差的時代已經過去了」，多數台灣人的居住環境與需求，也不是落在套房這個區間。

　　如果是要買來收租，我認為套房比較偏向「創造現金流」的產品。這是什麼意思呢？套房因為總價低，所以頭期款可能只需百來萬，貸款700 萬，一個月的房貸金額大約落在 2 萬塊左右。台北市蛋黃地區的套房約可租 2 萬 5 千元上下，整體投報率（投資淨損益／總投入資金）約落在 1% 左右，其實也不是非常理想。

　　假設你今天是想要買這種坪數小、房數少的產品作為投資，就要考慮未來的轉手機會，**我建議一定要將「地點」納入前三項考量**，地點又取決於和捷運站的距離，最好是走路 10 到 15 鐘以內，總價 1500 萬以內的房子，其轉手、出租機會都會比較高。

　　如果要找投報率好的產品，應該要在新北市蛋白區找總價差不多，但一個月能租 3 萬元左右的兩房一廳、三房兩廳的房子，這樣才能創造價值較高的被動收入。

35 房屋小知識　💬 選小宅時，至少要有 15 坪

　　如果真的需要購買套房或小宅產品時，我會建議買「好脫手」的小宅。這個定義除了要看買入時價格是否夠低之外，坪數上至少也要有 15 坪。**因為 15 坪以下的產品通常貸款只能貸到五成**，對首購族來說是負擔，而未來要轉賣或出租時，15 坪以上的房型也比較容易有轉手空間。

10 老屋

買老屋、拚都更，
危老合建真的可行嗎？

很多人覺得買老屋可以等都市更新或改建，但其實這個過程沒有這麼容易，因為過程中要談妥整合重建、分配，其實是一項大工程。在老屋更新或改建的領域裡，有許多人會混淆「老屋翻新」、「危老重建」及「都市更新」，這篇我們一次簡單介紹，讓所有想買老屋的朋友們可以有個基礎概念。

● 老屋翻新

老屋翻新應該是最好懂的，簡單來說就是買入屋況較差、屋齡較高的中古屋重新裝修，包括電線、結構、水管、漏水問題等，全部打掉重練。這個類型相對簡單，只是單純的個人買賣及裝修行為。

● 都市更新

很多人在買老屋時，可能都會聽到第三方銷售告訴你，這個區域很有都市更新的價值與潛力，買了之後不怕後悔、脫手容易，還有可能因為都更而價值翻倍。但真的有這麼簡單嗎？全台老屋這麼多，總不可能每一區都符合都市更新資格。基本上，若想符合都更的資格，首先該房屋必須先被劃入「都市更新地區」或「都市更新單位」，這部分只要上

各縣市的都市更新局網站查詢即可。

　　假設查詢後，發現你的房子並沒有被劃入，那就暫時不屬於都更範圍，當然也很難出現價值翻倍的機會了。不過，即便政府未劃入，你還有另外一條路可以選，依政府規定，只要符合以下其中三項條件，也可以自行申請都市更新（以台北市為例）：

1 非防火建築物棟數比例，達 1/2 以上。

2 現有的巷道狹小，寬度小於 6 米，長度占現有巷道總長 1/2 以上。

3 土磚、木、磚及石造建築物，或是 20 年以上加強磚造及鋼鐵造、30 年以上鋼筋混凝土及預鑄混凝土造、40 年以上鋼骨混凝土建築，以上建築物合計面積，達總面積 1/2 以上。

4 建築物的基礎下陷、主要樑柱、牆壁及樓板等腐朽破損或變形，達 1/2 以上，有公共安全危險者。

5 建築物地面層土地使用現況，不符現行都市計畫分區使用樓地板面積，達 1/2 以上。

6 距離捷運站 200 公尺內。

7 建築物沒有化糞池或沖洗式廁所排水，生活雜排水均未經處理而直接排放者，達 1/2 以上。

8 四層以上合法建物棟數，達更新單元 1/3 以上，半數以上沒有電梯，而且法定停車位數低於戶數者。

9 耐震設計標準不符內政部 78 年 5 月 5 日修正規定的建物棟數，達 1/2 以上者。

10 穿越更新單元內，且未供公共通行計畫道路面積比例，達 1/2 以上。

11 現有建蔽率大於法定建蔽率，而且容積率低於法定容積率一半。

12 平均每戶居住樓地板面積，低於北市每戶居住樓地板面積平均水準 1/2 以下者。

13 附近有內政部、市政府指定的歷史建築物及街區、都市計畫劃定保存區。

14 更新單元達 907.5 坪以上或完整街廓，而且超過 3/10 土地及合法建物所有權人同意（即多數決）。

　　都市更新一般而言流程複雜、問題較多，尤其需要整合所有居民的意見與爭議，其困難度可想而知。根據財團法人都市更新研究發展基金會指出，在雙北市，一件都市更新案平均審議時間約兩年半，這還不包括前期公聽會、聽證會的溝通，以及後期真正開始重建的時間。

▶ 買老房子不一定就能都更，還必須符合相關條件。

● 危老重建

　　所謂「危老」，全名是《都市危險及老舊建築物加速重建條例》，主要針對屋齡 30 年以上、無電梯，耐震評估未達一定標準的房屋，可以上各地區的「都市更新入口網」確認。這個條例與《都市更新條例》最大的不同在於，危老的申請比較簡單、快速，只要你是在都市計畫地區內，非歷史建築、不具文化歷史紀念藝術價值或屬於老舊合法建築，就可能可以申辦。

　　不過，危老建築常會遇到幾個問題。首先，危老可能不是「合法建物」。你可能不知道，你現在住的 70 年老房子不一定有使用執照，我

們在實務上曾遇過地主的房子在日據時代蓋好，所以當然沒有現在的使用執照，但它的存在是事實，所以我們要想辦法先幫這棟房子申請「合法的使用執照」。

首先，我們請建築師重新測量，畫一張新的建築圖給市政府審查，之後再申請水電的設籍證明、建築物所有權的登記謄本等，藉以證明這個房子是在 30 年以前就存在的事實，用以符合危老申請資格。

再來是結構鑑定。我們可能常看到房子有裂縫、鋼筋外露，就會斷定有結構性危險，不過這樣肉眼觀察是無法成立的。建築師工會提供數間廠商可為房屋做結構鑑定，如此才能進一步確認房子符合哪些危老重建的獎勵標準。如果你的房子屋齡只有二十幾年，但整體看起來屋況不好，也只能從結構安全方向著手，經過鑑定單位確認安全堪慮，才有機會申請危老重建。

最後是簽署「重建計畫同意書」。**每棟建築物都必須取得百分之百改建範圍內的所有權人同意，才可以正式申請危老的改建資格。**

▶ 申請危老重建，有三大利多

為什麼危老重建這麼重要，政府要花這麼多力氣跟優惠鼓勵大家申請呢？如果你從數據來看，就知道台灣老屋的重建刻不容緩。根據中央統計資料顯示，光是台北市屋齡超過 30 年以上的房子，就占所有取得使用執照建物中的 84%。危老重建主要需取得屋主、地主的同意之外，其他門檻相較於都市更新來得低，好處也不少。我以下列三項較重要的優勢來說明：

❶ 容積獎勵愈早申請愈多

2017 年危老條例頒布後，規定是條例施行三年內，申請重建計畫得給予 10% 容積獎勵，第四年起，給予基準容積 5% 的獎勵，並逐年減少

一個百分點,到第九年則歸零。這個規定對於目前欲申請的人來說頗重要,意思是只要你願意參與,就會額外贈送容積獎勵,愈早申請能拿到的獎勵愈多。

❷ 綠建築、無障礙等額外容積獎勵

假設你的建物又符合綠建築、智慧建築或無障礙設施等規定,就又會有新的獎勵值,這些都是為了加強民眾重建時可以多為未來設想,所建立的獎勵機制,如果是有相關需求或對建築特別有想法的朋友,這些獎勵更是一舉兩得。

這對建商來說也是很重要的誘因。容積增加,住戶可以分回的坪數變大、建商也可以從中獲得利潤,這對於原本做都市更新或合建的建商來說,舒緩了部分重建後無法回饋給住戶滿意坪數的問題,這也是都市更新案件之所以常談不攏的一大原因。

❸ 房屋稅、地價稅減半,最長可達 12 年

內政部營建署依據重建時期,提供給屋主、地主的稅負減免優惠不少,**包括在重建期間因為土地無法使用,所以地價稅減免;當重建完成後,地價稅跟房屋稅則可享兩年減半優惠等。**

其實都市更新與建設,是所有人的責任與義務,並不只是政府、建商的責任而已。如果可以達成小至自己維護或更新居住環境的安全,大至集體對於市容翻新的共識,就可以一起邁向讓建築物更安全、更符合人們生活所需的未來。

35 房屋會客室

透天厝、社區大樓，
該怎麼挑？

在社區大樓成為主流商品的現在，其實還是有很多不住在雙北市的網友詢問我：「該怎麼看透天厝及社區大樓的建案？」畢竟每個地區的居住習慣不同，沒有好壞之分，只有買來的產品能否「滿足你的使用需求與習慣」。我們可以由三個要素去分析這兩項產品的不同：

1 **生活習慣**：家中是否有人能長期維持家務，舉凡倒垃圾、收包裹、打掃清潔等。

2 **家庭成員的年齡層及健康狀況**：長者比較沒辦法爬樓梯、小朋友是否處於喜歡跑跳的年紀等。

3 **在家時間**：空間對你而言只是休息，還是要包含工作、商務需求。

這三點列出之後，其實你就比較容易分辨自己需要什麼樣的產品了。至於社區大樓及透天型產品，我們可以從生活機能、軟硬體設備等，進一步討論其優劣勢：

- ## 垃圾處理

　　現在多數的社區大樓都會設置垃圾間，不用追垃圾車對很多上班族來說是極大福音，這個方便性我想是透天厝無法比擬的。

▲ 若你希望有人代收包裹，管理室就會變得很重要。

- ## 物業管理

　　如果你習慣上網購物，可以幫你收包裹的管理室就很重要，甚至有些物管櫃台會有自己的冷凍庫，就算住戶訂購了冷凍食品，也都能幫忙保存，等你回家再領取。當然，這些便利都建築在額外的管理費之上，因此也需自我衡量，管理費與方便性相比，哪一項對你來說較有價值。

- ## 安全性

　　社區大樓因為有物業管理櫃台或管理室，通常會多一層防護，過去很多登門拜訪的推銷、房仲等，現在都不太會出現在社區內，陌生人進出的機率變低，對住戶而言也多一層保障。

- ## 打掃清潔

　　透天厝是獨棟型房子，對做家務的人來說，爬上爬下曬衣服、打掃等，確實是件苦差事，反觀社區大樓只是一個平面型產品，最多三戶打通，坪數很難超過透天厝，打掃時較輕鬆。

- ## 出入方便性

　　很多透天別墅型產品會配有電梯，但畢竟不是一定有的標準配備。再者，一部電梯的機電設備維修與保養費十分高昂，就算家中有長輩需要電梯協助進出，相較之下，也很難比社區大樓的內建電梯來得划算。

● 公共設施

　　公共設施是大樓的優點之一，包括中庭花園、閱覽室、游泳池或健身房等，若只是簡單的休閒娛樂，在社區內就能完成；反之，透天厝不論室內空間再怎麼大，也很難和大樓的公設相比。

● 轉手成功率

　　不管是用來投資還是自住，買房前多半會考慮未來轉手的增值性或難易度。以台灣目前的家庭結構來說，小家庭、不婚不生的兩人家庭開始成為主流，三代同堂、與雙親同住的情形愈來愈少，因此 35 坪以下的房子逐漸成為雙北的主力產品。未來在桃園、台中等精華地段，也有機率會以這樣的產品占大多數，因此以未來轉手的難易度來說，我想應該還是社區大樓小勝一些。

● 保值性

　　透天厝的轉手確實比大樓稍難，因為透天厝的坪數大，總價自然較高；再者，有能力買透天厝的朋友，可能會比較喜歡買全新的產品，畢竟中古透天厝的外觀與內部設計若要重新整理，也是一筆不小的費用。

　　但若以相同地段來說，透天厝的保值性一定好過社區大樓。因為在蓋房子時，一棟房子會分成土地跟建物，**土地價值是永久的，甚至會一直增值，而建物則會隨著時間不斷折舊**。社區大樓的住戶，通常土地持分的坪數都很小，和透天厝所拿到的土地坪數相比，價值差非常多。**假設同一區域要都市更新或重劃時，透天厝的價值便會因為土地所有權而翻倍成長。**

• 管理費及使用自由度

社區大樓的便利來自於額外的付出與花費，社區有一定比例的公共設施，因此住戶必須每月繳交管理費，以維護公設並遵守社區公約等。由於住戶都必須遵守公約，門口、梯廳也不能擺放雜物，這跟擁有最多實際使用坪數、不必負擔每月管理費，及擁有完全使用自由的透天厝相比，自然是透天厝獲勝了。

從上述的比較來看，社區大樓的方便性較高，但如果你追求的是自由度，且也不在意收包裹、公設等問題，那或許透天厝就很適合你。總而言之，只要產品符合心中的需求，那對你來說就是適合的房子。

35 房屋小知識 💬 社區內的透天厝，也能享有物業服務

如果你真的很喜歡透天厝，但又希望能有物業管理公司進駐或公設可使用，或許可考慮社區型的透天產品，這是一種位於社區內的透天大樓，一棟一戶，不但在居住上保有充分自由，也能享受社區內的服務及設施，大樓的優點都有，但透天的優勢也一樣保留，不失為一種新選擇。

▲ 社區型透天厝興起，提供和大樓一樣的服務，並享有公設。

PART 3

想挑到好房子，
一定要懂的事！

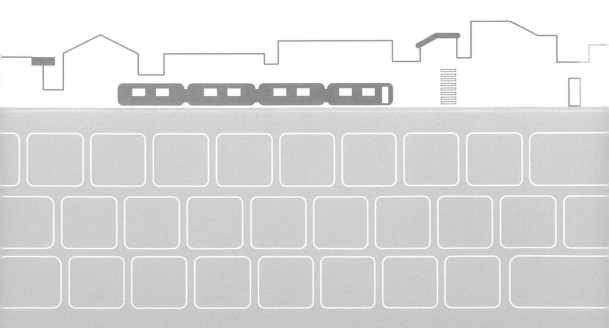

分析 1

想看懂格局，
一定要學會看家配圖及墨線圖

　　如果你想買的是成屋，由於可親自看房，格局一目瞭然，但預售屋就不同了，因為沒有實體房子可看，只能透過樣品屋及模型來了解。除此之外，通常還會提供幾張基本的平面圖供參考，最常見的就是家配圖與墨線圖。我也很常收到網友的私訊，大多是傳圖詢問：「這個格局好嗎？可以買嗎？」

　　事實上，這個問題必須回到使用者身上，包括居住人數、預算、需求等，這些細節只有自己知道，唯有釐清自我需求與預算，才能進一步討論房子是否合適。在本篇中我想說的並不是「這樣的格局最好」，而是要教大家看懂圖面的邏輯及訊息，再去串連需求，選出最適合的房子。

▶ 家配圖大多以美觀為主，實用性較差

　　家配圖就是依格局先畫出家具及裝潢，提供消費者想像家具放入之後的動線、設備等，只是先假設某種裝修的樣貌，再加上是以銷售為目的，會以好看為主，一般也看不到管線及排氣，需自行詢問。墨線圖則是黑白圖像，會標示出管道間、衛浴、大門玄關等，其實跟家配圖相去

▲ 家配圖（左）會先畫好家具及裝潢；墨線圖（右）則著重於管道、戶別配置等，不過也有些家配圖會只以黑白線條呈現。

不遠，但家配圖會呈現出漂亮的裝潢設計，通常比只有單純黑白線條的墨線圖能讓消費者更明白。

在看家配圖時，有幾個大方向要留意（請搭配 104 頁閱讀）：

• 指北針與樓層平面圖

在家配圖的角落處，會標出指北針及樓層，像是 3 樓、8 樓等，代表這些樓層的平面格局都是相同的。樓層平面圖上則會標出電梯、管道間、逃生梯與廊道，通常也會看見所有的大型樑柱，並看出目前這張圖面是屬於哪一個戶別。

圖上若有打叉的地方，大多是機電類的設備或是天井，如電梯、貨梯或管道間。接著可以搭配指北針找到房子的座向。座向就是你進門後看到最大的那一個空間，且往外的那一面，就是它的面向，台灣人通常喜歡朝東南的房子，因為冬暖夏涼。

• 地板與樑柱

先從圖面的四邊來看，大的黑色塊叫做柱，柱與柱之間叫做樑，連

結樑與柱之間的黑色實心粗線條，就是牆面。牆面通常分成結構牆（支撐這個建築的牆面）、隔戶牆（間隔你與隔壁戶的牆面），以及隔間牆（為房子隔出不同使用空間的牆面），任何的格局變更都要在不影響居住安全、結構及逃生動線下，再來看牆面是否能打掉。**大部分能打掉的多是隔間牆**，因此在思考格局時要多留意。

接下來則是看柱子，若在室內容易吃掉空間，壓縮坪數。所以有些建案的戶別會因為有較多柱子，而開價較便宜。柱和柱之間會有樑，但通常不會在圖上出現，這是因為詳細的樑柱大多只會出現在藍晒圖或施工圖。舉例來說，若是大坪數的產品，房子中間會有增強結構的小樑，這種樑叫「跨距」或「跨度」，是用來支撐結構間，兩個相鄰支撐點之間的距離，在圖面上出現的機率較低。

愈低樓層的樑會愈大，是為了結構承重而考量。如果你非常在意樑壓床或沙發等風水問題，記得要仔細比對圖面。最後是地磚，有些家配圖上會畫出相同大小的地磚格，目的在於辨別室內空間的比例，但地磚有 60 或 80 公分不等，記得要先計算才不會誤判室內坪數。

● 陽台與雨遮

房子一般分成主建物、附屬建物還有公共空間，附屬建物包括陽台、雨遮和露台，所占的比例愈高，權狀愈容易被灌水。以法規來看，陽台和露台是計價、計坪的附屬建物，而露台的價格可能是房價單坪的 1/3 到 1/2。**但在 2018 年 1 月 1 日以後取得建照的建案，雨遮採「不計坪不計價」。**

雨遮

▶ 雨遮是距離窗戶或出入口上緣，小於 50 公分的構造物，2018 年後已全面不計坪、不計價。

有些建案會預先在雨遮處做格柵，設定好裝室外機（以英文字「AC」代表）的地方，但有些則沒有。主要是因為室外機在夏天開冷氣時，會產生很強大的熱氣，以及占去工作陽台的空間，因此建議一定要事先詢問室外機的擺放處。

　　工作陽台的部分則要考慮曬衣空間、洗衣機擺放的位置，以及走動到陽台的動線。我曾看過一些建案將工作陽台設置在主臥室或廁所外，這些都會影響居住時的動向及習慣。

● 窗戶採光、門與走道的位置

　　看圖面時，我會特別注意這個格局是幾面採光，最好每個空間都要有對外窗，尤其是浴室，因長年會處於潮濕狀態，維持通風性很重要。

　　此外，圖面會呈現的只有開窗的位置與寬度，並不會告訴你窗戶的「高度」，有一些窗戶的高度屬於中高台度，也有一些窗戶是面對工作陽台或天井，這些都屬於「間接採光」，會影響整個房間的明亮度。

　　而房間門口畫上 1/4 圓弧線的地方，就是房門或大門，**房門開關處「不能」做任何櫃體裝修，否則門會打不開**。如果你很在意兩門相對（即對沖），就要多加留意。至於走道，不少人認為是浪費空間的設計，但若坪數大，一定會有走道，就看個人喜歡與否。

● 管道間或櫃體

　　實牆中間若出現打叉的位置，即是管道間，通常在浴室及廚房旁。一般來說，管道間的位置是固定的，浴室和廚房的位置也不太能改，建商一般也不會接管道的客變，因為若沒處理好，容易產生漏水問題。

　　如果看到打叉的長方體，通常是指做到天花板的系統櫃或鞋櫃等；另外一種只畫斜線的，有可能是低台度的櫃子（如備餐台），代表上方是空的，可做其他利用。基本上，所有的櫃體都可再依設計跟規劃做變動，圖面上的配置僅供參考。

家配圖這樣看！

管道間
大多在廚房或衛浴旁

門口
門都會以 1/4 圓弧線表示

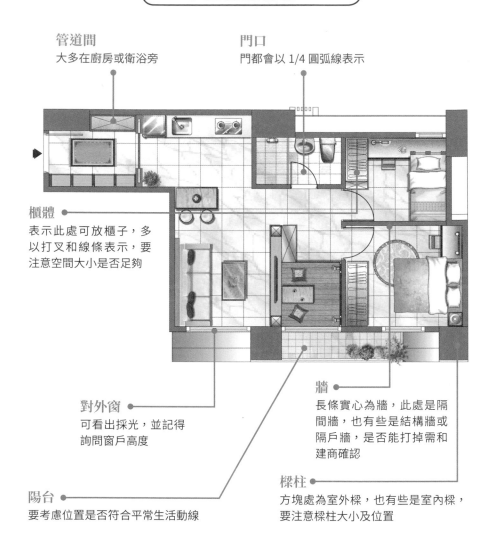

櫃體
表示此處可放櫃子，多
以打叉和線條表示，要
注意空間大小是否足夠

對外窗
可看出採光，並記得
詢問窗戶高度

牆
長條實心為牆，此處是隔
間牆，也有些是結構牆或
隔戶牆，是否能打掉需和
建商確認

陽台
要考慮位置是否符合平常生活動線

樑柱
方塊處為室外樑，也有些是室內樑，
要注意樑柱大小及位置

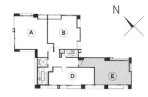

指北針、樓層平面
可看出方位及戶別（灰底色處），
方便確認位置

分析 2

看房時，
樓層、座向該怎麼挑？

　　了解如何看格局後，接下來最煩惱的問題，可能就是樓層和座向了。每個人的需求都不同，有些人喜歡住高樓層，有些人卻偏愛 2、3 樓。不同的樓層和座向，也攸關房屋的總價。因此，我整理了一些在挑選時最容易碰到的問題，提供建議及做法，幫助你更有概念。

【問題❶】10 樓以下粉塵多？

　　其實不同樓層各有優劣勢，一般來說，多數人不想選的應該是 2 樓，尤其是車道上方的戶別。這一戶通常會聽到引擎、喇叭或是過閘門的聲音，再加上可能有空氣不佳的疑慮，因此價格也有機會是全棟最便宜的　戶。

　　再來是 4 樓以上、10 樓以下。很多人說這幾層是「揚灰層」，這是因為氣流和建築環境的影響，使得灰塵、粉塵會飛揚在離地 30 米左右的高度，再精算一點，大概限縮在 8 樓到 11 樓間，有一派說法認為，這個區間是空氣裡的骯髒物最集中的一個高度範圍。

　　但這個說法也不是絕對正確。因為灰塵在空中會受到空氣流動、風的阻力與推力，在不同地理環境下，所受到的影響也都不一定相同。其

他像是靠河的濕度、溫度,與乾燥的平地相比,也一定不同。以台北市大樓密集的區域來說,其與住屋稀少的鄉下相比,也截然不同。

【問題❷】樓層愈低愈吵雜?

低樓層本來就比較接近地面,確實很容易吵雜,但不代表中樓層的住戶就聽不到這些噪音,而是噪音傳達的方式不太一樣。音速很快,如果聲音的傳達是在噪音源音量所及的區域,其實無論是哪個樓層,受到的影響都不會有太大差別。**若想真正隔絕噪音,我認為是取決於住家「氣密窗」的好壞。**與其糾結樓層高低是否會帶來大量噪音,不如把錢花在挑選好的氣密窗較實在。

低樓層可能會有的影響,其實在於濕度、採光,而中古屋的低樓層可能還會有治安上的疑慮。但如果是位於大型社區,且有庭院、植栽的房子時,其實 1 至 3 樓也會是不錯的選擇。

【問題❸】住高樓層比較好?

很多人會說,一定要買高樓層的房子,除了景觀好、空氣好,想轉手時也比低樓層有優勢。但在挑選高樓層的戶別時,一定要注意「中繼水箱」的位置。

因為樓層太高時,樓上水壓可能不足,因此會在大樓底下的蓄水池儲水,再利用加壓馬達抽水送至中層樓的水箱,然後再由中繼水箱抽往頂樓,讓高樓層的住戶有穩定的供水使用。以 50 米高的大樓來說,建商一般會在 12、13 樓做中繼水箱,既然是水箱,意思就是有水囤積,可能會出現潮濕,馬達也會產生噪音,影響的層面不只是當樓層,可能上下兩樓都會受波及,需特別注意。

如果是大型社區,每個樓層會規劃很多戶,一旦電梯數量不足,高樓層的住戶就容易花費時間在等待上。還有一種情形是,隔壁大樓比自家還高,擋住原本的通風及採光,高樓層的優勢便瞬間消失了。

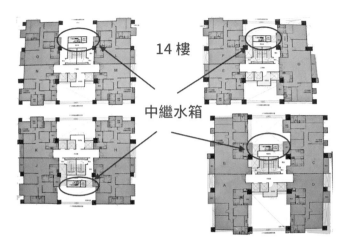

▲ 通常在高樓層會設置中繼水箱（參考左圖藍色處），搭配墨線圖就能找出其位置。

35 房屋小知識　💬 **賣方需主動告知，中繼水箱所在樓層**

　　不過，大家也無須擔心是否會在買賣時，「不小心」買到中繼水箱樓層，因為內政部規定的〈成屋買賣定型化契約應記載及不得記載事項〉裡，代銷、建商或仲介都必須揭露「中繼幫浦機械室或水箱」所在樓層。因此看房時一定要記得開口詢問，避免權益受損。

【問題❹】棟距愈遠愈好？

　　這句話本身沒錯，因為棟距愈遠，在視覺上的壓迫感會比較低，也不會有擁擠感，更重要的是採光會更好。但是，並非所有的棟距都是永久性，如果是買重劃區的房子，不代表附近不會蓋起來，所以在看房時要多考量蓋完後，是否會如建商的說法一樣擁有「永久棟距」（即周邊不會有改建計畫，或是臨學校、禁建區等用地，棟距縮小的機率就不

大）。除了自己得多做調查外，也可以請銷售單位提供一些證明，如開立保證或是協議書等，確保自身權益。

　　如果沒有永久棟距，我建議儘量選擇離馬路退縮比較深的那一面，畢竟退縮較多，未來的棟距還是會比較長。此外，如果建案主打「景觀保值戶」、「公園或水岸第一排」等，訴求「無限棟距」，也就是陽台或房間窗戶打開後，前排沒有任何建築遮蔽景觀，通常價格會比較高。相反的，如果面對的是嫌惡設施，就有機會成為議價籌碼。

▶ 若希望看出去無遮蔽物，記得要先調查附近設施的興建情形。

【問題❺】房子一定要「坐北朝南」？

　　以台灣的地理環境來說，夏天是吹南風、冬天是吹北風，所以坐南朝北的房子，冬天一定會遇到北風，北風除了冷以外，還會雜夾一些沙塵，若你在冬天常覺得地板有一層薄沙，這就是受到北風的影響。而夏天時，南風會吹進屋裡，雖然夏天的風都還是熱的，但只要室內通風、空氣流動，相對不會這麼悶熱。

　　很多人會避免選擇朝西的房子是因為西曬問題，除了容易熱之外，日曬也容易加快陽台或建材的老舊速度。**嚴格來說，台灣冬天的陽光是從東南往西北方照的，因此「坐西北朝東南」才能達到真正的冬暖夏涼。**所以看面向時，一定要搭配家配圖才會清楚。

【問題❻】花錢買露台戶是一種浪費？

　　有些社區會有露台戶，但露台價格可能會占單坪價格的 1/3，比例極高。我自己是覺得，有養寵物或喜歡植栽的人，露台對你而言可能就是必要空間。此外，有些庭院戶可以直接做對外的門，不用經由社區大門才能回家，但得自行考量安全性。

◀ 露台戶雖然景觀好、空間大，但要注意權狀占比。

【問題❼】頂樓戶私密性高，貴一點也划算？

　　頂樓通常會是每棟大樓裡最貴的一戶，其優點是私密性高，不容易受到噪音影響，但要注意防水及隔熱問題。因為頂樓通常受太陽直曬，又缺少上方的樓層幫助遮蔽，若是用塗料做防水和隔熱，時間久了會需要修補，進而產生折舊問題。再加上不同的建商、施工單位等，其工法也都不同，一旦入住頂樓戶，日後仍要持續花錢做保養，也是一筆不小的開銷。

　　總結來說，這些問題沒有一定的對錯，畢竟每一棟樓都蓋在不同的位置，面向都不同，再加上每個人希望買到的產品也不同，別人認為的缺點，對你而言或許是優勢。只要對於每個設計的好壞都有自我見解，再搭配上述提到的重點，挑選產品時會更有把握。

分析 3

公設比怎麼看？
為什麼都超過 30%？

　　買房時，銷售一定會介紹社區的公共設施，順帶告知公設比，當你一聽到超過 30%，多數人都會皺起眉頭，想著總房價裡，竟然有三成是買不在室內可使用的面積，這樣划算嗎？

　　隨著新建案林立，有關公設的問題也愈來愈被重視。公設的全名是「公共設施」，根據公部門解釋，是指全體住戶共同使用的部分，包括樓梯間、電梯、出入大門、管理室。公共設施又可以細分為「大公」，即全社區都會使用到的空間，除了上述提到的區域，還有常見的運動與遊樂設施、地下避難室等，由全社區的所有權人持分。另外也有「小公」，也就是小公共設施，是僅供社區某些特定住戶使用的空間，例如同棟共用的電梯間、梯廳等。

　　不過，公設比又該怎麼計算呢？根據營建署的解釋，計算方式是：

$$\frac{建物權狀中共同使用部分的持分坪數}{建物總坪數} \times 100\% ＝公設比$$

「公設比」是多數人看房時最在意的數字，公設比愈來愈高，導致室內可使用坪數變低，不少人認為公設比高的建案多是建商想要從中獲利的結果，這個說法其實並不完全正確。

　　早期台灣的居住環境裡，並沒有詳細規定公共空間的寬度與比例，為了居住舒適與安全，才逐漸立法規範，包括逃生梯、地下室與防災空間的面寬、空間比例，都必須要符合規定，使得公共設施的面積不斷增加。舉例來說，**2005 年 7 月《建築技術規則》規定，8 層樓以上的建築物就必須多設置一座逃生梯、12 樓以上就必須具備救災中心與防火措施。**因此這個時間點以後所新建的大樓，公設比都會比過去的建築物多 3% 到 5%。

　　不過，公設除了大公及小公外，又分為必要公設及非必要公設，前者是基於安全、民生、防災的基本要件下，必須擁有的法規基本公設，例如逃生梯、消防設備、防空避難室等。而非必要公設就是建商為了提高建築包裝或銷售率而增加的項目，例如游泳池、健身房、交誼廳等。簡單來說，只要跟安全、民生與防災這三項脫離關係，通常就可被列為非必要公設。

　　公設之所以會演變出這麼多類別，有兩大原因：一是現代人對自己的生活及住宅品質的要求皆慢慢提高；二是建商可以藉由公設，做出更多可吸引人的行銷手法。

▶ 同樣的公設比，為什麼有些建案的公設特別豐富？

　　你或許也會有疑問，去同一區域看房時，明明 A 案及 B 案都是 30% 公設，為什麼 A 案只有一間管理室及大廳，但 B 案卻有游泳池、宴會廳、圖書館等五花八門的設施呢？相關法規限制非常複雜，但我簡單跟大家分享一個重點，如果你想要入住很多公設的社區，基本上這個社區的基地面積至少要有 1500 平方公尺，也就是 453 坪。

但也不是只要面積夠大，就能擁有這麼多公設，而是至少要擁有上述大小的基地面積，才有資格申請獎勵容積。所謂獎勵容積是政府為刺激房地產市場，放寬原先的法定容積大小，只要符合獎勵條款，就能在原本的土地上蓋較大的坪數，像是 4.5 坪變成 6 坪等。

以建商的角度來看，基地是最貴的成本，自然會希望所有的地都能拿來蓋可賣掉的東西，當基地愈大，愈容易申請額外的容積，便能拿來蓋這些所謂的 VIP 公設。

◀ 如果希望社區內有游泳池，前提是基地要夠大。

再者，小基地與大基地雖然同樣列出 30% 的公設，但小基地一樣需設置逃生梯、消防通道、水塔等，再加上戶數少，跟大基地相比，每戶平均分攤的必要公共空間自然比較多，也就難有餘裕提供其他非必要的公設了。

▶ 公設比多少才合理？和車位的權狀面積也有關

或許會有人問，那多少公設比才是「合理」的？就我的立場來看，我認為 28% 到 32% 是可接受的，但也要看其所規劃的設施，對你來說是否實用或符合需求了。

另外還有一個重點是，**在看公設比之餘，也要注意車位坪數登記的權狀面積，這個坪數一定是愈大愈好**。為什麼這麼說呢？因為車位的坪數若小，代表其公共面積被拿去分攤到其他公設上了，那就會造成房子的公設比被提高。合理的車位坪數大概是 8 到 12 坪，有些建案可能是 13 坪以上，**如果低於 8 坪，代表其登記的方式對消費者來說較不利**，大家一定要留意。

▶ 太多公設的房子，可能是用防空避難設施換來的？

有些建商為了迎合消費者想要很多公設的心態，「可能」會犧牲一些防空避難所的面積、水箱或是配電箱等多餘容積，移來做二次施工，蓋一些視聽室、KTV 等，這其實違反安全規定，但一般消費者卻很難在買賣過程中發現，一旦被檢舉，這些項目都會被拆除。

上述狀況除了在社區大樓發生，也有可能會在老公寓、華廈中遇到，住在最頂層的住戶在頂樓加蓋游泳池或是其他設施，都算是二次施工，這不僅會影響所有住戶的權益，也攸關居住安全。

最後，**公設愈多可能管理費就會愈高**，管理費是由所有權人與管委會一起協調後決定的，當社區裡需要維護、清理的公共空間變多，每坪的維護與營運費用也就會愈高，這項成本記得也要列入買屋的考量裡。

35 房屋小知識

💬 **中庭花園、露天泳池，都不是公設！**

去看房時，如果遇到銷售人員或房仲說：「這裡的公設比很高，是因為擁有這麼大的花園，舒適又愜意。」或是強調社區內的公設包括露天游泳池等，這個說法是完全錯誤的，請大家一定要留心！

因為所有「沒有遮蔽物的公共區域」都屬於「法定開放空間」，當然不會被歸在建築物的建坪裡，所以不會列入公設。如果有人告訴你「中庭花園」是公設，那一定是用來誤導你的。

▲ 露天中庭並不是公設。

分析 4

頂樓加蓋、夾層屋，
都是不能買的違建！

　　看房時，你是否也曾遇過賣家表示「頂樓空間也是你的」，或是明明樓高不夠，卻硬是隔出空間，跟你說這是「樓中樓」，甚至強調價格不變但使用坪數更大。在不清楚這些空間是否合法的情況下，很有可能會在無意間買到違建產品，使權益受損而不自知。

　　本篇列舉三種最常見的違建情形，並告訴你該如何分辨！

❶ 頂樓加蓋 ▶ 視搭蓋年份，確認是否合法

　　台北市政府將 1995 年 1 月 1 日以前就存在的違建，稱之為「舊違建」或「既存違建」，若沒有公共安全疑慮，就僅需拍照列管，無須立即拆除。若是 1995 年 1 月 1 日後出現的違建，則為新違建，依法可以報拆，加蓋者也可能會被罰款。

　　你可能會問，誰會知道這個頂樓加蓋是在何時蓋的？答案是，可以去調空拍圖，用圖面對照看，存在與否一清二楚。至於價格，1995 年以前的頂樓加蓋，有「可能」列入權狀，但都是不能算價錢的，如果有人要買賣這樣的產品，價格在市場上沒有公定價，多數都是雙方合意談攏即可。

▶ 頂樓加蓋的合法性，和搭蓋年份及面積都有關係。

　　這種產品若在房屋買賣平台上出現，可能會標示「頂加」、「頂樓空中花園」，如果你有意購買，房仲有義務告知你，該頂樓加蓋為哪一年出現的建築，是舊違建還是即報即拆的新違建。當然，房仲也有可能給錯訊息，甚至前一任屋主也不清楚狀況。因此買賣最後仍只看一紙合約，如果在買賣後被他人檢舉報拆，你是絕對沒辦法主張仲介或前屋主沒有告知，因為房子已經過戶到你的名下，無法再追溯他人。

　　為保自身權益不受侵害，請一定要記得，購買這類型的產品時，一定要查證頂樓加蓋的狀況。**如果你在簽約時仍存有疑慮，可以在買賣條約裡面備註，即「若合約中的某項條件，與房仲所說的內容不符，買方有權利無條件要求退戶，要求賣方退還全額訂金」。**

　　不過，在某一種情況下，「頂樓加蓋」可能是「合法」的。內政部營建署明文說明，頂樓建築面積 1/8 的法定範圍內，都屬合法建物，意即是，假設頂樓面積為 160 坪，你蓋了 20 坪以內的倉庫，都不屬違法。這種建築叫「屋突」，沒有獨立產權，因此頂樓的「屋突」使用權，更像是先搶先贏。

➋ 樓中樓及夾層屋 ▶ 兩者大不同，後者多算是違建

夾層屋通常指房子總高為 3 米 6、4 米 2 及 4 米 7 的產品，夾層的上層樓地板多採 C 型鋼搭建而成，有一定的耐重限制。賣方通常在銷售時常使用「彈性空間」字眼，暗示這個產品可以透過二次施工，變出另一個在高空中的可使用空間，用同樣坪數的價格可以買到更多空間，很容易吸引預算有限的朋友。

這個在高空中隔出的空間，如果只占樓地板面積的 1/3，那就不算違法，只是整個使用空間感相對壓迫；但其實多數人如果想要「裝潢」出另一個使用空間，通常都會超過規定，變成十足十的「夾層屋」。之所以有 1/3 的規定考量，其實是根源於消防法規與逃生動線，如果在夾層屋中發生火災，樓下空間通常都會因為夾層阻礙灑水器的灑水範圍，無法達到滅火功能；抑或是夾層也有可能阻礙逃生動線，將可逃生門窗堵死。

再來是樓中樓，指的是擁有兩個真實樓層的建築，地板結構是永久性的，總高度一般為 6 米，在產權上還能實際合法登記樓層及坪數；相

▶ 看似充分利用空間的夾層，其實存在安全疑慮。

117

反，夾層雖然擁有如同樓中樓般的外觀，然而法律上它只屬於室內裝潢的一部分。**由於夾層屋屬於「二次施工」，因此無法登記法定面積，基本上多屬違建。**

如果這樣說還是太複雜，只要記得**「樓中樓的坪數可登記為權狀坪數，但夾層屋裡的坪數是『裝潢』」**就可以了。前幾年很流行這類夾層屋，也曾吸引一波投資客投資，但其實住久了就知道，居住的舒適度還是不太夠，漸漸在市場上也變少了。

❸ 露台搭棚 ▶ 不論是加蓋鐵皮屋或遮雨棚，都不合法

在前文中曾講過露台的定義，就是室內坪數之外的一塊平台，且沒有屋頂。如果你想在這塊露台加裝遮雨棚、花架、採光罩，甚至是加蓋鐵皮屋等，這些原本不存在的建物都會被視為違建，只要有人舉報，就可能被拆除或列管。

簡單來說，違建主要危害的是居住安全，當我們遇到意外或天災，就有可能因為違建破壞了原本建築體，讓消防功能、逃生動線無法順利運行，若是遇到重大災難，更可能會帶來坍塌。也因此在買房時，需特別注意這些空間是否在上一任屋主持有時，就有違建問題，如果有，記得一定要做到查證確實、交易時載明相關權責，才不會造成糾紛或損害。

35 房屋小知識　💬 陽台外推會影響結構，目前已不合法

　　許多家庭為了追求極大化的室內面積，常會將陽台外推，究竟這是否合法，會不會影響居家安全呢？在 1974 年時，法令規定只要不打掉牆面、有裝窗戶，且不將空間移作室內使用，就算合法。於是只要算起來約 40 年左右的老房子，可能都有陽台外推的「額外」空間。

　　不過，陽台外推其實有破壞結構的危險性，也會影響防水。因為一般建物的防水很可能都是一次做好，如果你二次施工打掉重做，就會影響到建築物本身的防水功能，甚至可能你家樓上的陽台在澆花，樓下就會滲水進來。因此在修法後，目前已被認定是違法，只要有人舉發便會加以拆除。如果你拆了又推，還會加處一年以下有期徒刑，或是併科 30 萬的罰金。

　　你可能會問：「如果我現在要買的物件，陽台已經外推了，之後如果有人想要舉報我，那責任屬於誰呢？」我會建議你，在確定要買下這間房子時，把「原況」一五一十地拍下來，如果未來真的被舉報，可以拿出原況的照片舉證，表示當初買來時就是長這個樣子，自己只是照原況裝修。

▲ 早期的老房子，幾乎都有陽台外推的問題。

分析 5

什麼是乙種工業宅？
買了後再變更用途就好？

　　常聽到有人詢問：「乙種工業宅可以買嗎？聽說管理費很高？」在談這個問題前，我們必須先了解乙種工業宅的定義。

　　依照現行法規來看，依土地有無在「都市計畫範圍內」，共分作兩種，分別是「非都市土地」與「都市土地」，再依據各土地使用類別細分。詳細內容可參考下表。

都市計畫分區、都市計畫外分區種類一覽表

都市計畫外分區	都市計畫分區
甲種建築	住宅區
乙種建築	商業區
丙種建築	工業區（特種、甲種、乙種、零星）
丁種建築	行政區
農牧、林業、養殖	文教區
鹽業、礦業、窯業	體育運動區
交通、水利、遊憩	風景區
古蹟保存、生態保護	保存區、保護區
國土保全、殯葬、海域	農業區
特定目的事業	其他使用區

之所以會有不同的分區，自然是為了各種不同的使用目的，例如住宅區通常是安靜、需求單純的環境，與商業區的規劃還有生活機能自然不同。工業區原本就容易形成汙染，包括排放廢水、廢氣以及空氣汙染等，所以才將所有汙染集中管理，進而達到降低成本、汙染最小化的目的。

　　而工業宅主要集中在都市計畫分區內的乙種工業用地，這種用地有幾種優勢，包括建蔽率達 60%、容積率達 300%，指在同樣的土地面積裡，可蓋出樓層數較多的建築物。

▶ 為什麼會有工業宅？

　　由於台灣工業類型的產業，有逐漸往國外設廠、遷移的趨勢，因此工業區的閒置土地比想像中多。再者，相對於工業區的閒置，商業區、住宅區的土地資源卻因為高度開發，而顯得益發珍貴，土地成本不斷飆高。對開發商來說，勢必要去尋找其他可開發土地。

　　大約在 2000 年時，《都市計畫法》就有些許修改，將都市計畫內的工業用地，有條件的變更為一般商業使用機能的用地，所以乙種工業區便開始可容許一般商業設施進駐，包括：

1 一般零售業、一般服務業及餐飲業
2 一般事務所及自由職業事務所
3 運動休閒設施
4 銀行、信用合作社、農、漁會、信用部及保險公司等分支機構（不得超過單一建築面積的 10%）
5 大型展示中心或商務中心（須超過一公頃以上，且其區位、面積、設置內容及公共設施，需經政府審查通過者）
6 倉儲批發業
7 旅館觀光業

　　為了解決工業區的土地閒置問題，政府將部分商業設施開放，而修法後的結果就是上述商業設施的進駐。工業宅的漏洞，其實就來自於此。某些建商會買下乙種工業用地，申請一般商業使用，例如一般事務所、自由職業事務所或零售業等，混合登記去使用，但事實上卻是規劃成一般住宅銷售。

　　這些住宅由於並不算是一般住宅，只好折衷將之稱為「工業宅」。這些工業宅從外觀、結構、到整體的配備等，幾乎跟一般住宅用地上所蓋的房子相同。但由於土地成本取得較低，所以最終端的售價一定低過周邊社區的建案價格。這時預算不足、不想花這麼多錢買房的民眾，便會注意到這類物件。**但以現階段來說，住宅與工業用地是絕對不能混為一談的，銷售單位在銷售時也會清楚告知。因此在購屋前，一定要請建造商提出相關證明，以確認建案的土地種類。**

　　乙種工業用地建案（簡稱乙工建案）由於是以一般事務所、一般零售業等商業用途申請建照通過，亦不符合「國民住宅－勞工住宅」或是「青年購屋低利貸款」申請資格。除了無法享受上述優惠，向銀行貸款也有諸多限制，包括利息較高、貸款成數不高等，若有意購買這類房子，自備款要更充足。

▶ 工業宅究竟是否合法？

　　其實關鍵在於，乙工建案只要合法取得建造執照，賣方依法申請為「事務所」，而且在買賣過程中充分告知買方相關的權利與義務，買方再依法設定為公司登記地址，這樣的房子在法令認知上就會是「事務所」，而不是「住宅」。只要依照法規，在實質使用上就很難界定是否違法。

　　既然如此，工業宅有機會完全合法嗎？根據《都市計畫工業區檢討變更審議規範》內容，工業區土地若要變更為住宅區，必須捐贈該土地總面積 30% 以上的公共設施用地，以及 7% 的可建築土地給縣市政府。

工業住宅 vs. 一般住宅的差異

工業住宅	項目	一般住宅
同區段房價八至九折	房價	市場行情價
最多核貸七成	貸款成數	適用優惠房貸
遷入戶籍並申請自用，可以一般住宅稅率課稅，免用營業稅率 3% 計算	房屋稅	以住家稅率 1.2% 課稅
申請自用便可同一般住宅	水電費	以住家用水電費率計
通常不設瓦斯管線，住戶可能會需要額外花費拉水電管線，視建案而定	管線	水電管線等配備皆全
過去周邊可能廠房林立，近來因為產業轉型，區域與生活機能逐漸縮小	周邊環境	有學區及商業機能，可滿足生活
毛胚交屋為主，二次施工有被檢舉遭罰款、報拆風險	裝修	無陽台外推、夾層使用及不影響結構為前提下，可任意裝修

甚至只要經過都市計畫委員的同意，亦可用「錢」來換取合法性，也就是用現金取代捐獻土地。雖然過去曾有建商變更成功，但仍是少數案例。

　　總而言之，工業宅與一般住宅的差別其實不小，最主要的問題是，**只要有「二次隔間」的行為就屬違法，因此乙工建案也只會以「毛胚屋」（沒有任何美化裝修，僅用水泥磚牆隔間）的方式交屋**。後續拉管線、隔間等都是住戶所為，與建商無關。此外，和一般住宅相比，工業宅的轉手性較差。若想購買，一定要注意自身權益及能否承擔相關風險，避免因小失大。

▲ 工業宅只能以毛胚屋交屋，之後的裝修風險都需由買方承擔。

分析 6

自住便宜又免繳稅？
地上權住宅的真相

在台灣買房能取得所有權，意即花出去的總價是能買到建物（住宅或店面）及坐落基地（土地）。但如果你的預算有限，看到能用低於市價的金額住在精華地段，即便只是租用房屋的「地上使用權」，而沒有所有權，在房價飆升的現在，是否也會讓你有些心動呢？

▶ 什麼是地上權？

地上權在《民法》上是除了自有土地以外，可以使用他人土地的一種權利，被歸屬為「用益物權」，即基於一定目的，對他人的土地進行使用和收益的限制物權。在台灣多半由建商向政府租下基地蓋樓，推出50 到 70 年不等的居住時效建物。

地上權的概念始於 1996 年，當年財政部國有財產署（簡稱國產署）基於活化土地的考量，首次標出第一批作為可分割地上權住宅的土地，這個概念才開始在台灣問世。其定義為政府出租國有地，並設定使用年限，建商得標後興建住宅，當使用年限一到，建商必須返還土地。

因為建商不需購地，只要負擔租金，所以取得成本較低，自然壓低

了建築成本，在銷售時也因為使用年限關係，所以總價相對於鄰近房價較為平實。既然有使用年限，可想而知，它的價值不如所有權建物會有大幅上漲的空間，反而會因為使用年限愈來愈短，價值隨之遞減，投資價值不高，購買者多是自住客。

照理來說，政府達到活化土地、消費者用較低費用取得居住空間，而建商用較低成本建築建案，這應該會是一個三贏的政策。但問題出在1996 年時，國產署標出的那批地上權土地分為三處、390 個個別戶，得分別向這些住宅收取地租。

對公務機關而言，一次出現 390 個窗口要收取租金，作業繁雜不便，為簡便流程，相關單位又在 2001 年決議，將地上權改為「不可分割」，這樣一來，公家機關要面對的窗口就不是住戶，而是開發商。也因為這樣的更動，這個概念到目前為止都還沒有一個非常公平，或是讓大家都認同的規範，也相對容易產生糾紛。

▶ 地上權建物又分為「可分割」或「不可分割」住宅

兩者最大的差別在於「建物產權」，可分割地上權屬於買方、不可分割地上權則屬於建商。

簡單來說，可分割的全義為「可分割過戶」，意即買方擁有「建物權」，可以拿到登記著名字的建物權狀；不可分割過戶的地上權，又稱為「使用權宅」或「地上租賃權」，購買人比較像是長期租用這個房子，僅擁有使用權、沒有建物權，未來在轉售或租賃時都必須透過建設公司或建商，意即它不是你的所有物。

可分割、不可分割地上權住宅的差別

類型	可分割地上權住宅	不可分割地上權住宅
土地產權	政府／地主	政府／地主
建物產權	買方	建商
房價	周邊行情的三到四成	周邊行情的三到五成
貸款成數	七至八成	依建商訂定
貸款利率	一般	較高

▶ 地上權住宅有哪些優點？

地上權既然存在，當然自有它的優勢，即「價錢」，也就是使用者的負擔成本。事實上，地上權跟長期租賃房子的概念非常類似，它的銷售價格較低、所需負擔稅金較少，對於購買者來說當然負擔也比較小。

過去我們都聽過「終生租屋派」的想法，意思是房價這麼高，不如租一輩子還比較划算，用這個角度來看地上權，就不難理解其優勢了。

> **35 房屋小知識**　💬 **地上權住宅的優勢**
>
> **1 能穩定地長期租賃** ▶ 不用突然面對房東要收回房子，需馬上搬走的壓力。
>
> **2 價格低廉** ▶ 採一次付清制，總價可能是周邊行情的三到四成，不像房租有漲價的可能性。
>
> **3 稅收負擔較輕** ▶ 「可分割地上權住宅」僅須負擔房屋稅、契稅與地租。

　　曾有建商在與台北火車站僅相距不到 20 公尺處，推出地上權住宅，不但可享六鐵共構的地利之便，最重要的是，當初推出的行情價為一坪 35 萬。只需負擔周邊房價的 1/3，甚至不到的價格，就可以住在台北市交通最方便的地方；且不用另外繳地價稅，轉手時也不需要負擔土地增值稅，確實吸引不少人購買。

▶ 能用低廉價格居住在車站附近，吸引不少人購買地上權住宅。

所有權及地上權住宅，要負擔的費用也不同

類型	所有權	可分割地上權住宅	不可分割地上權住宅
契稅	○	○	
增值稅	○		
房屋稅	○	○	○
地價稅	○		
土地	○		
房屋	○	○	
地租		○	○
實價登錄	○	○	

▶ 若想入住地上權住宅，這些缺點要注意！

既然有爭議，表示地上權住宅也有其缺點，像是：

❶ 貸款成數低且利率偏高

這類產品多數是在精華地段，坪數較小、貸款成數也比較低，大概只能貸到五成，且貸款利率也高過一般住宅，約落在 2.5% 至 3%，幾乎是一般所有權產品的兩倍。正因如此，當地上權住宅離土地承租期限愈來愈近時，若想要轉手，難度就會上升，下一手購買者的貸款成數也會隨之調降，但相對的，它的總價也會變低。而銀行在評估價值與貸款時，也會以中古屋的狀況來評估。

❷ 轉移、贈與或繼承產權需透過建商，風險提高

這裡專指不可分割的地上權住宅，由於產權屬於建商，所以私人買賣就無法成立。除此之外，也因為地上權住宅有先天性限制，也就是使用年限，房屋價值不會隨著時間成長，反而是遞減，住得愈久、價格愈低，所以買賣對地上權所有者來說，不一定划算。

❸ 成立管委會也有爭議

一般社區管委會成立步驟是，要先有一般區分所有權人成立區權會，才能進一步成立管委會，並且具有法律效益。

同樣的，可分割地上權住宅因為有建物所有權人，所以可以自行成立管委會；但不可分割地上權住宅，買方只有使用權，所以不適用於《公寓大廈管理條例》，無法成立管委會，只能成立「管理小組」，但這種小組根本沒有法律效益，無法管理公共設施、也沒有任何權利可以清查社區的財務狀況，這樣的組織形同虛設。

❹ 難以預期地租的漲價幅度

過去曾有建商在台北市文山區推出地上權建案，預售時的地租公告地價為 3.5%，換算該案住戶擁有的 43 坪住宅，每年地租約 6.5 萬元，沒想到因為區域發展快速、土地升值，連帶的當地公告地價也隨之調升，地租上漲到近 10 萬元，漲幅之大引起住戶不滿，於是提告詐欺。

建商只好向國產署提出仲裁，最後地租改用新制計算，建商的地租為 3.5%，其中 2.5% 會以原來的公告地價為標準計算，維持 70 年不變；剩下的 1％ 則隨公告地價浮動。這樣算來，住戶可能還是必須多繳一點地租，但至少差距縮小許多。

❺ 土地使用期滿後，建物必須拆除

既然地上權有年限，已購戶購入的也只是「使用權」，代表著使用期屆滿後，房子就會被收回，住戶得離開。這個年限的計算方法，並不是從入住那天開始計算，**而是從建商標到這塊土地的第一天開始**。若再扣掉設計、建設、銷售等前期尚未入住的時間，等到入住時，或許就已經先過 5 年了。

綜觀地上權住宅來說，幾乎是缺點強壓優點，我自己觀察，台灣人對於這樣的物件接受度確實不高，這項原本立意希望三贏的產品，反而變成開發商如果開發卻可能會賠錢，導致不標國有地；擁有這塊地的公家機關，也會因為沒有建商願意租賃而閒置土地，變成三輸局面。

不過近年則有些微扭轉，建商乾脆將土地轉為商用，讓坐月子中心、酒店式公寓、展示中心或共享資源辦公室入駐。對承租者來說，能有一個長期租金穩定、交通位於黃金地段、取得成本低，且整體裝潢新穎的地方，是不錯的選擇。

分析 7

什麼是地主戶？
真的能撿便宜買到嗎？

在賞屋時，偶爾會遇到地主戶釋出，通常價格也比較低。但到底什麼是地主戶呢？我們得先從房屋的建造成本看起。建造成本中，最貴的部分就是土地，畢竟同一塊地只能利用一次，當房子愈蓋愈多、取得成本就愈變愈高，這也是為什麼土地成本、政府公告地價會持續上漲的原因。

相對於土地，建築物的價值反而是會隨著年限愈高而折舊，或許目前在精華區的土地上，還保有很古老或殘舊的房子，對於所有權人而言，建物其實已經不那麼值錢了，但土地的價值可能早就是取得成本時的幾十倍以上。

針對這種「在好地點上的舊建物所有權人」，許多建設公司願意花長時間整合、溝通，主導都市更新並推出新建案。這時，原有的地主戶就可依照與建商的合作方式，用更便宜的價格，甚至是直接分回部分土地或房屋所有權。

▶ 地主戶分三種，合建分屋較常見

地主與建商的合作方式也不盡相同，大致可分成以下三種：

類型	說明
合建分售	地主與建商分別銷售土地與房屋，因此購屋者擁有兩份合約，一份建物、一份土地，代表分別向不同所有權人購買。
合建分成	即地主找建商在自己的土地上蓋房子，並與建商共同銷售所有戶數，最後再依投資比例分配價金。
合建分屋（地主保留戶）	通常是指透過合建都更的建案，地主與建商按比例分配房屋，分成地主戶與建商銷售戶，簡單來說就是地主出地、建商出工，也是目前最常見的類型。

另外還有「股東保留戶」、「建商保留戶」等，這些通常都是共同合資或投資的業主，而「保留」的意思是原本保留不賣的戶別，通常樓層較高、格局或座向較佳。如果是在代銷的銷售過程中，就已經有地主保留戶、地主精華戶釋出，那就表示原本的地主直接把房子委託給建商或代銷公司銷售，在價格上就會按照整棟的銷售行情調整，較難有特殊優惠。

▶ 地主戶有好有壞，不能只考量價格

如果想買地主戶，有些重點一定要留意。因此本篇也整理了其優劣勢，方便大家評估。包括：

❶ 有機會出現優惠價

因為地主取得該戶的成本較低，所以地主戶確實有可能比代銷銷售的建案「便宜」。不過這取決於地主觀察目前的銷售價格是否理想，且要符合其心中價位與期待，如果地主評估一切都沒問題，那在沒有成本壓力的情況下，可自行或委託房仲銷售，定價就可能較優惠，這也是買方撿便宜的時機。

不過在正常情況下，建商也會為了避免地主賣屋破壞價格行情，會與其簽約，要求待建案完工或銷售告一段落時，才可釋出銷售。要提醒大家的是，有時同一個建案不只一位地主，不同地主會設定不同定價，這時就需自行評估考量。

❷ 房屋瑕疵一樣有保障

你可能會好奇，若是跟地主而非建商買屋，建商還會提供保固嗎？答案是：「當然會！」雖然購買的是地主戶，買賣契約上的賣方是屋主而非建商，但未來關於建築物的瑕疵問題，買方仍可以向建商追究，並不會因此缺乏保障。

❸ 選擇性較少

由於地主分配到的戶別是固定的，選擇性自然不多。或許有價格優勢，但消費者還必須要考量室內格局、樓層、面向，甚至是停車位等。有時候價格差一些，但可以買到自己更喜歡的物件時，價格就不是購買的第一順位了。

❹ 住戶素質與社區管理好壞難斷

「○○建案很多地主戶，建議不要碰！」、「地主戶太多，未來很難管理！」、「八成都是地主戶，出租戶大概也會很多，怎麼控制住戶素質？」這些說法相信大家都曾聽過。

我也聽過一些社區高達三到五成都是地主戶，導致管委會由地主把持，所有的公共空間使用問題、環境衛生落實、物業管理的決策權等，全都交由地主戶處理，但地主卻把房屋租給租戶，自己並未住在社區內，導致許多決定都和居民的生活習慣脫離，讓真正的住戶感到非常困擾。當然，並非所有地主戶都如此，**地主戶多寡與社區整體水準並沒有絕對關係**，不過若你想買地主戶，購買前務必先做好功課。

❺ 有可能出現破壞行情的售價

價格優勢同時也是劣勢。由於地主戶較無成本考量，在銷售時賣方可能只考慮變現的速度，因此有機會出現破壞市場行情的價格，最大的影響便是實價登錄。這個價格有可能影響社區的整體售價及房屋保值性，故購買前也要列入考慮。

▶ 地主戶買賣的眉角多，雙方都要注意

地主戶對買賣雙方來說，都有需要注意的事項。一般來說，地主雖然擁有土地，但大多缺乏建築專業知識，因此建商在合建契約中處於資訊優勢地位，對於地主有提供締約相關資訊義務，不能將風險分配給地主，破壞契約當事人之利益均衡。意思就是，地主一定要詳看合約，或是找專業人士協助審訂，別因一時不察讓自己吃虧。

對消費者來說，**在購買地主戶前，一定要與建商再次確認可得到的保固或其他服務細項，包括客變、驗收、保固到交屋等**。此外，有些地主為求交易簡便，會要求「買清」（見下方說明），即所有的手續費和交屋相關費用都由屋主支付，聽起來很划算，但要小心土地增值稅及其他稅費負擔，有可能並未撿到便宜。

房屋交易時，會有兩種付費模式：

買清 ▶ 即買方只需負擔房屋的售價金額，其他的手續費及交屋相關費用（包含稅金），都需由屋主支付。

賣清 ▶ 假設房屋的售價是 800 萬元，屋主欲全額拿到這筆金額，其他衍生的手續費及稅金等，就要由買方負擔。

分析 8

廣告戶都是撿剩的？
陷阱大公開

　　我們常會在路上看到一些廣告看板，大大的寫著「×××萬3房2廳，輕鬆成家」或是「月付×萬，入主黃金地段」的廣告詞，總是會讓人覺得「太划算了吧！」這種被建商拿去作為看板廣告的物件，我們通稱為「廣告戶」。顧名思義就是用一個全建案最低的價格，吸引消費者來賞屋。幾乎每個建案都會有類似的廣告戶，但這樣的物件背後，一定有些你我都應該知道的「眉角」。

▶ 廣告戶可能在格局、方位上，有些瑕疵

　　首先，廣告戶通常面向不好，比方會看到福地、對面就是建築物的車道、窗戶一打開就是高架橋或電線塔等，視野、採光可能都較差，甚至直接緊鄰嫌惡設施，這些不可抗的外在因素成為購買阻力。

　　第二，有時建案因為外觀規劃的關係，某些戶別的格局相對不方正，住戶沒辦法善用每個空間，或是室內有特別明顯的樑柱，空間利用率相對較低。

　　第三，如果是高樓層的廣告戶，有可能就是鄰近整棟建築中繼水箱

層的位置。有中繼水箱的樓層會配置加壓馬達、幫浦、發電機、消防水池等設備，每當機器作業時，除了噪音吵雜，再加上抽水馬達，鄰近房屋也容易有漏水或潮濕問題。

第四，若是低樓層的戶別，問題多集中在臨路面容易吵雜、被建物遮蔽因此光線及通風不足，或是直接就位於車道上方等。最後，**廣告戶的總價「通常」都不包含車位費用**，如果該建案是買屋要綁車位，那就是總價得再往上加，不過再怎麼計算，廣告戶通常是整棟建案裡最便宜的戶別。

有些建案甚至為了要促銷廣告戶，會直接將該戶做成賞屋參觀用的實品屋，並且打出「買房送裝潢、送家具、送家電」，讓買方達成「一卡皮箱直接入住」的超殺優惠，直接再省一筆幾十萬的花費。

▶ 如果看到文宣上標示的自備款偏低，或是送裝潢等，通常就是指廣告戶。

▶ 若想買廣告戶，這些事要留意！

如果你認為廣告戶的所有缺點都可以接受，在準備購買時，也還有幾個小提醒要給想撿便宜的購屋族群：

❶ 評估未來是否會轉手

我聽過有些投資客會買廣告戶作為轉租之用，因為不是自住，所以許多外在條件與缺陷反而不那麼重要，再加上用來出租，租金行情也不能相差太多，故總價便宜才是重點。然而，我還是得提醒，這些買進的優惠條件也會成為未來轉手的致命缺陷，雖然租金是收入，**但未來轉賣的風險與成本，也得一併納入計算。**

❷ 仍有議價空間

有些人會覺得，廣告戶已經很便宜，是否就不能議價？其實你反過來想，正因為有這些顯而易見的缺點，說不定願意購買的人更少，議價空間反而是大的。我會建議有意購買廣告戶的朋友，如果是附有裝潢的戶別，可詢問能否折總價；沒附車位的，可以在車位的價格上議價；有附車位的，通常車位也會是比較難停或方位較差的位置，這時可直接詢問「能否換到比較好的車位」。

❸ 事前先邀家人陪同賞屋

許多消費者在看廣告戶時，其實對於風水、座向、鄰近設施都不太在意，但到了議價階段，多半會請家人陪同，這時家人反而會對車道、樓層等有意見，進而影響購屋計畫。因此建議一開始就讓家人參與，避免上述情況發生。如果最後因故無法購買但仍然喜歡該建案時，或許可以拿廣告戶的價格作為議價依據，選購其他戶別。

❹ 謹慎評估實際入住的情況

由於廣告戶有時是「買屋送裝潢」的實品屋，這些裝潢有些是用來修飾瑕疵的，像是格局不方正、特別奇怪的樑柱、畸零空間等，透過裝潢調整或強化，讓缺點沒那麼明顯。

或是銷售方雖然事前已告知，未來蓋好後，廣告戶外會有電線桿、福地等，但因為都不是真正入住，單憑想像可能覺得「還可以接受」，不過等到真的蓋好之後，才發現電線桿遮住大部分的陽光、福地則是讓人住得心不安等。如果會有這些疑慮，其實總價買得再便宜也都是貴了。

▶ 廣告戶並非都是噱頭，也有優質戶別

　　如此看來，廣告戶真的條件極差，毫無優點嗎？其實，也有條件優質的物件，只是可遇不可求。**在新建案的銷售尾聲時，可能有些戶別會因為樓層或坪數大，整體總價高、難銷售，建商在最後想要關案時，可能會對這樣的戶別祭出特殊優惠，刺激買氣。**

　　此外，如果建案是建商與地主合建，地主有可能因為想將物件換成現金、或是地主本人並不住在這裡，所以委託建商優惠賣出地主戶，這時也有機會遇到不錯的物件。

　　廣告戶其實就是在市場上尋求一個 CP 值，即便條件再差，只要有好價錢，幾乎都有機會能促銷售出。如果你對廣告戶特別有興趣，在下手前一定要先考慮清楚上述的重點，並衡量自身能接受的條件，才能用預期的價錢，買到理想的房子。

分析 9 ━━━━━━━━━━━━━━━━━━

市價六折！
法拍屋能買嗎？

　　買房子是多數人一生的大事，由於付出金額龐大，誰都想用最少的金額、換得條件相對理想的物件，所以不少人開始研究法拍屋。

　　什麼是法拍屋？多數人對這三個字可能會有很多想像，像是屋況不好、凶宅、有複雜的債權等。其實法拍屋的來源多是房屋所有權人，因為累積負債無法償還債權人，債權人依法執行《強制執行法》，將抵押品（即房子）交由法院拍賣，以法拍金償還負債。

　　如果用買房後的貸款來舉例，房子就是我們的擔保品，債權人就是銀行，在繳房屋貸款的過程中，因為個人因素無法繳交，在最後期限內，債權人（即銀行）會依法將房子查封，並申請拍賣抵押品，這就形成法拍屋。

　　法拍屋的來源，除了一般的銀行貸款之外，也有可能是來自於民間借貸。若想查詢相關物件，可搜尋「法拍屋查詢系統」，就可看到政府公開的資料。其他還有「金拍屋」、「銀拍屋」等，其實最主要的差別是執行單位，法拍屋為「法院」拍賣的不動產；金拍屋則由「台灣金融資產服務公司」（簡稱台灣金服，TFASC）拍賣；銀拍屋的債權人則是銀行。

法拍屋購買流程

❶	❷	❸	❹	❺	❻
找到好房	評估	資金規劃	投標	過戶	點交

　　法拍屋及金拍屋拍賣的產品，其所有權都屬於債務人，要自行點交，但若是銀拍屋，其所有債權是屬於銀行，因此銀行會將房子處理乾淨才給你。至於拍賣底價，法拍屋與金拍屋基本上都是由其單位的估價師，做一個合理的估價；銀拍屋則是由各銀行自行擬定。

銀拍屋、金拍屋、法拍屋，三者比一比！

	銀拍屋	金拍屋	法拍屋
執行單位	銀行	台灣金服	法院
產權	銀行	債務人	債務人
點交	相對容易	相對不確定	相對不確定
屋況	可參觀	不可參觀	不可參觀
價格	較市價便宜些	較市價便宜六到七成	較市價便宜六到七成
保證金	6～10 萬元	兩成	兩成
貸款	可貸款	不可貸款	不可貸款

▶ 法拍屋雖比市價便宜，仍有潛在風險

法拍屋最大的優勢在於，真的有機會能撿到便宜。在法拍屋一拍（首次拿出來拍賣）時，估價師當時開出來的價格會相對接近公告現值，這時由於較接近市場價格，若買氣不足，就會進行二拍、三拍。

二拍的價錢是一拍的八折；三拍的價錢又是二拍的八折，等同於一拍的六四折，這時就會出現很多買家準備搶標。畢竟可用市價六至七成的金額買進房子再賣出，中間的價差依然有可觀獲利。既然如此優惠，為何沒有人人瘋搶法拍屋呢？答案很簡單，因為有顯而易見的劣勢存在，包括：

❶ 要有足額的現金支付

在投標時，就必須繳交兩成的保證金，這個金額等同於自備款，一旦得標，則須在七日內將剩餘的款項一次付清，才會核發不動產權利移轉證明書，之後才能辦理登記、過戶等手續。雖然銀行也有提供「法拍屋代墊款」的服務，但這筆錢依舊得在數個月內繳清，如此大額的現金，自然成為高不可攀的門檻。

❷ 點交時易出現各種狀況

點交就是在你已經確定買到法拍屋，成為「拍定人」後，法院會安排點交時間，陪同拍定人到物件現場，逐一清點交給拍定人的物件。這部分最麻煩的是，在點交的過程裡，可能要處理前屋主的遺留物，若運氣較差，甚至會產生糾紛或爭議。

千萬別以為買到房子後，裡面所有的東西都是屬於自己的，在法院開立的點交清單上，只會有「不動產」，也就是房子本身，以及與房子不可分割的固定物，其他可以搬遷、拆下的物品，即「動產」，所有權都還是屬於前屋主，不能隨意丟棄或變賣。甚至若進門就發現有神主牌

在屋內，也得請前屋主找時間，把祖先神佛請出去。

我聽過的狀況還包括點交車位時，發現停車格上停了一輛不是前屋主、也不是拍定人的車，這時就要自行找出車輛的所有權人，再請對方在一定時間內遷走。

法拍屋內的動產及不動產說明

所有權人	名稱	定義	舉例
拍定人	不動產	不可分割的固定物	裝潢、廁所、水電管線、牆壁、門窗等
前屋主	動產	非固定、可搬遷或拆卸之物	大型家電、衣物、可移動的系統櫃、神主牌位、保險箱、車輛等

❸ 債權不清或留有金錢糾紛

有時會出現房子不只跟銀行借錢，甚至還有二胎、三胎等民間借款，在債權不清的情況下，也得由拍定人一併處理。舉例來說，有一間價值千萬的房子，當初向銀行貸 400 萬元，在銀行貸款還未付清的情況下，因其他急用，轉向其他民間單位借款，這就是二胎貸款。胎數愈多，累積的欠款就愈大。

在法院法拍後，若金額仍不夠支付債權人所有債務的情況下，就可能造成二胎及三胎借款人未拿到全部的欠款，在點交後找拍定人詢問借款事宜。再者，**假設這個產權在前屋主手上時，就積欠了大筆管理費，接手後的屋主也得全數繳納。**

❹ 仍有租約進行中

由於租約是在拍定前就已成立，承租人的租賃權利依舊存在，不能任意收回，只能待租約到期為止。如果是短期租約較無妨，若是一紙長達 5 年、10 年的店面約，則較麻煩。

❺ 屋況不明朗

在執行法拍時，房屋會被貼上封條查封，未經許可無法進入，只能看到外觀，或向其他鄰居打探屋內可能的狀況等。由於無法入內參觀或檢查，什麼事情都可能發生，真的無奇不有。

上述優劣勢並非只有法拍屋才容易遇到，金拍屋也一樣，其客觀條件其實與法拍屋相去不遠。

進入內政部不動產資訊平台後，選擇「住宅市場」，就能看到房屋拍賣資訊。

▲ 在內政部不動產資訊平台中，刊載許多房屋拍賣資訊。

▶ 銀拍屋可點交、帶看，風險較小

若是銀拍屋，由於產權是清楚地屬於「銀行」，作為銀行資產，勢必要先處理相關事宜，就算原本有綁租約，銀行在拿出來買賣時，多半會一併處理租客事宜。簡單來說，銀拍屋在點交時，不會有上述占領、產權不清等問題。再者，銀拍屋可以委託仲介帶看，既然能帶看，銀行就得先簡單修繕、整理房子，以提升屋況。

此外，銀拍屋的投標金額較低，基本上可能 6 至 10 萬元就能投標。意思是你只要繳納上述金額的銀行本票作為保證金，當拍賣公司查證完成後，你就能獲得競拍銀拍屋的資格。銀拍屋對銀行的意義在於，只要找到條件不錯的買家，能定時定額繳款，就能讓公司資產順利變現。因此後續只要備好頭期款，貸款部分都能跟銀行商量。

銀拍屋的委託管道多元，透過仲介、購屋平台網站等都能找到，種種銷售模式其實都是為了儘速消化物件、活化資產。更何況對消費者來說，若交易對象是銀行，可不用負擔仲介手續費，也是另一種誘因。由於這是相對法拍屋、金拍屋來說，對一般消費者更有保障、更容易入手的拍賣管道，有興趣的人不妨多關注市場。

35 房屋小知識　💬 銀拍屋拍賣會，可公開競標房子

雖然銀拍屋購買管道多元，但銀行仍會舉辦「銀拍屋拍賣會」，是唯一採現場口頭喊價的拍賣。相較於法拍屋及金拍屋是採密封投標（即衡量房子的價值及願意負擔的金額，然後密封投標，最後價高者得），由於不知道他人的出價，故不會發生競爭搶標狀況。

現場喊價的銀拍屋拍賣會容易因氣氛熱絡，價格會喊到市價的九成甚至更高，這一點需特別留意。

分析 10

平面、機械、倉儲，
停車位該怎麼選？

　　這個主題乍看之下很小，但其實對買房的人來說，車位若沒選好，那可是會造成未來生活莫大的麻煩。小至位置、大至出入口等，都有差別，選車位時的細節其實大有學問。我們先從 2013 年 7 月 1 號頒布的《建築技術規則》內容解說，這次頒布的規則，對停車位及車道尺寸規定都有更詳細的說明，如下：

◀ 每個停車位為寬 2.5 公尺、長 5.5 公尺。但停車位角度在 30 度以下者，停車位長度為 6 公尺。另，每輛大客車的停車位為寬 4 公尺、長 12.4 公尺。

另外，在停車位前方的預留空間，車道角度要大於 60 度，前方應設置寬 5 公尺、深 6 公尺的空間。車道寬度的部分，基地面積只要大於 453.75 坪，車位數超過 50 個，車道寬度就要有 5.5 公尺雙車道的標準。如果是在同一個社區裡，可以有 1/5 的車位做成小車位，但條件是不可以在鄰牆旁設置、也不可以連續設置。

這些都是大家在挑車位時，就一定要先知道的資訊。此外，有些車位會分成小型、標準或加大，這時可依需求自行量尺寸。

▶ 停車位不只挑價錢、樓層，還有這些細節要注意！

很多人在挑車位時，可能只會挑樓層、挑價錢，但其實「好不好停」很重要，畢竟等到入住時才發現車位很難停，每天上下班回家停車都像是在考駕照一樣，難免住起來會有些影響生活。此外，停車場畢竟屬於公共空間，有些安全性的問題也得注意，至於到底要如何做才能挑到「好車位」，以下提供五大考量重點：

❶ 不只挑「好停」，還要挑「安全」的車位

在選位置時，除了要好停外，一定要注意車位的「監視安全」，大樓停車場都配有監視器，但監視器都有它的死角，再者，地下停車場的照明絕不可能像一樓或其他樓層般燈光充足。如果因為監視器死角、燈光不足，或是監視器的畫質不理想等，造成停車時遇到糾紛，就比較難處理。

❷ 離電梯近生活方便，但要注意別讓車體擦傷

很多人喜歡選電梯附近的位置，大家的想法大多相同，像是去大賣場採購、小朋友要坐嬰兒車等，為了出入方便要選近一些的位置，就不用在提著大包小包的狀況下，還得走很遠的路。不過，若把車停在太多

人會經過的地方，也要小心車體表面容易出現小擦傷等問題。

❸ 儘量不要選在車道轉彎處，或車道出入口的車位

轉彎的車位有個好處是，停車應該會比較好停，因為轉彎處的車道較寬，也有比較多餘裕可以迴轉停車。但問題是，你不知道鄰居或同一層停車的住戶其開車技術如何，如果發生碰撞問題也很麻煩。

❹ 儘量不要選在固定式設備旁的車位

以地下室來說，會有排風口，尤其在夏天時，風口處噪音大、又一直排放熱氣，在出入時會有很多不適感。再來是機房或垃圾場旁，也容易產生噪音或難聞氣味。

❺ 儘量不要選在進出容易受阻礙的位置

這種車位有可能是車位寬度不足，或旁邊有容易遮擋視線的建築物，以及在停車場最尾端的地方，這種在空間物理條件限制之下的停車位，會迫使你一定得倒車進去，或是用某種固定角度才能順利停車，會讓每次停車都像技術大考驗一樣。

▲ 車道出入口或是特定設備下的位置，都是屬於較差的車位。

▶ 這些停車位條件不錯，記得優先選擇！

既然選車位有這麼多但書，那有哪些好車位是適合選的呢？首先是「獨立車位」，即左右都是柱子，中間有一個車位，且開門不會撞到別輛車。再來是「右轉彎處的拐角車位」，這種位置通常會有樑柱在副駕駛座旁，爭取的就是駕駛座位旁能有最大空間。此外，位於柱子旁且能擋住隔壁車位，或離隔壁車愈遠愈好的位置也不錯。

最後要提醒的是，優先選「平面車位」，機械車位次之，最差的是倉儲車位。原因在於機械車位一定有其不便之處，比方當機、出錯或損壞，在維修上較麻煩。此外，機械式車位都需要領車，當你上下班要回家停車時，如果已有很多住戶在排隊，時間也就這樣耗掉了。總而言之，選車位要把握三大要素，即進出的空間、安全性、進出的角度，就能選到不錯的位置。

▲ 獨立車位、右轉彎處的拐角車位、柱子兩旁的車位，是比較好的車位首選。

35 房屋 小知識 💬 停車位的產權登記，可分三種

在買車位的同時，最好也問清楚銷售方，這個建案本身擁有的停車位會是哪一種？因為每種停車位的買賣及管理方式都不太一樣，如下：

• 法定停車位

依照法規設置的停車位，建商按照建物本身樓地板面積，最少應該設立的車位就是法定停車位，必須登記為公共設施，**有產權但是沒有單獨的權狀，所以不可以跟主建物分開買賣**。若要單獨移轉，只能賣給同大樓的住戶。

• 增設停車位

就是在滿足法規需求數量的車位之後，有多餘的空間可以自行增設停車位，這一類車位的運用靈活度高，可以申請獨立的權狀，因此買方不一定要是社區住戶。不過這還是要看管委會討論決定，也可能會不願意由非社區住戶購買。

• 獎勵增設停車位

在台北都會區有些商辦大樓，因為政府是以增加樓地板面積或容積的方式，鼓勵建商增設停車位以利公眾使用。比如說在某個市中心，人流及車流都特別多，需要停車位，某棟大樓就會有很多車位能開放供外人付費使用。這種車位雖然有獨立權狀也可以買賣，但除了購買人有使用權外，其餘民眾也有使用權。

車位種類	法定停車位	增設停車位	獎勵增設停車位
產權	有產權， 沒有獨立權狀	有獨立權狀	有獨立權狀
買賣限制	不得與建物分開買賣， 且買賣對象限同棟住戶	隨意買賣， 不限對象	可買賣，購買人及其餘 民眾都有使用權

35 房屋會客室

管委會到底在做什麼？
管理費一坪多少才合理？

　　某天朋友跟我說，家中公共空間漏水、電燈又一閃一滅，整個看起來像是鬼屋一樣。我依稀記得他是住社區大廈，直覺地問他：「你們管委會沒有找人來修繕嗎？」這個問題一問出口，便觸動他的怒氣神經：「別說了！哪有什麼管委會！」一問之下才發現，他們管委會根本不做事，住戶繳管理費也是有一搭沒一搭，一筆爛帳在那裡，更沒有人願意主動出來整頓，導致居住品質低落，讓人覺得心煩，卻又不知該如何是好。

▶ 什麼是管委會？只有購買戶才能擔任委員嗎？

　　管委會全名是管理委員會，設立在公寓大廈管理組織下，它不是社區大樓運作的必要條件，但是如果社區內有一個盡責的管委會，可以讓整體居住品質維持在一個穩定的狀態。

　　管委會在成立前，得先召開「區分所有權人會議」，會議中至少要有 2/3 的區權人出席、3/4 出席人數及區權比例同意，如果人數不足，必須趕緊接續召開第二次會議，第二次會議則必須有 1/5 的區權人出席、出席人數過半同意後才能成立管委會。

　　這聽起來就不是件簡單的事，如果你的社區是 500 戶的大社區，那第一次區分所有權人會議，你就得召集 334 戶住戶出席，並且有 250 戶同意成立管委會。通常現在的預售屋銷售方都會承諾協助成立管委會，幫助建立管理體制，以免後續要成立時難度提高。

　　此外，成立管委會的「住戶」中，不只包括「購買戶」，連承租人也包含在內，所以如果你現在是社區大廈租戶，也別放棄自己有為社區效力、擔任管理委員的權利。管委會任期則由區權人會議規定，多數任期為一年到兩年，可連任一次。

　　管委會除了主委之外，其實委員會裡還會有不同類別的委員，譬如說副主委、監察委員及財務委員，這也是最重要的四個職務。除此之外，也可能會有保障社區安全的安全委員、維持衛生環境的衛生委員、重視環保再生的環保委員等。不過，你可能會問：「管委會到底要做多少事？應盡的權利與義務又有哪些呢？」根據《公寓大廈管理條例》規定，管理委員會職務如下：

- 區分所有權人會議決議事項之執行。
- 共有及共用部分之清潔、維護、修繕及一般改良。
- 公寓大廈及其周圍之安全及環境維護事項。
- 住戶共同事務應興革事項之建議。
- 住戶違規情事之制止及相關資料之提供。
- 住戶違反第六條第一項規定之協調。
- 收益、公共基金及其他經費之收支、保管及運用。
- 規約、會議紀錄、使用執照謄本、竣工圖說、水電、消防、機械設施、管線圖說、會計憑證、會計帳簿、財務報表、公共安全檢查及消防安全設備檢修之申報文件、印鑑及有關文件之保管。
- 管理服務人之委任、僱傭及監督。

・會計報告、結算報告及其他管理事項之提出及公告。

・共用部分、約定共用部分及其附屬設施設備之點收及保管。

・依規定應由管理委員會申報之公共安全檢查與消防安全設備檢修之申報及改善之執行。

・其他依本條例或規約所定事項。

　　看起來還不少，從公共設施到公共基金的管理與維護，都屬於管委會的職務範圍之內。如果想讓上述事項正常運作，主委的角色就變得很重要了。主委的重要工作之一是對外代表管理委員會，當發生任何問題時，全以他為對外代表。或許你可以這樣想像，把社區當成是一間股份有限公司，主委就是董事長，而所有的決策都必須經過董事會（管委會）的決定。

　　管委會主要管理的現金流，也就是住戶繳交的管理費，在社區環境出現必須維護或修繕問題時，就需從中拿出現金付款。至於每坪要繳交多少管理費用，則是由管委會決定，只要大家都同意這個價錢，就可以執行了。

▶ 如何確認管委會的運作情況？觀察社區各角落

　　如果你現在想買房，特別是中古屋，一定會想知道「社區的管委會是否有正常運作？」這個問題即便是房仲也不一定了解，不過，你可以請他帶你去看所有的公設，包括游泳池、中庭、健身房等，透過維護狀況就可以略知一二。再者，看房時不要只看屋內狀況，包括你所經過的走廊、樓梯、電梯等也得留心。

　　經過走廊時，看看走廊上是否堆滿雜物，逃生間是空曠或是被大型物件給塞滿；此外，社區的公告欄也藏有許多玄機，公告欄可能會設置在門廳、電梯或是停車場內，比起廣告單，你更該注意的是「催繳通知

單」。了解沒有定期繳費的住戶有多少、都是哪些人沒付錢；再來，看看社區公告或是有無警告文件，包括非法占用頂樓空間、住戶吵雜聲量過大等事項。

　　透過社區公告欄可以看出一些蛛絲馬跡，包括社區是否和諧、住戶品質是否良莠不齊。當公告欄上充滿亂七八糟的公告貼文時，表示你入住之後會遇到的居住問題可能更複雜。最後，有些公告欄上會貼出管委會的每季財報，不妨稍微翻閱，了解管理費的去向，是修繕多還是維護多、緊急預備金是否充足，如果發生地震牆壁裂開、水塔損壞等維修問題，都會需要大筆金錢，若存額根本不足，可能會出現無法因應支出的狀況。

　　總而言之，社區就像是一間公司，各式各樣的人都有，也會發生各種問題，至於該如何解決呢？我認為，先講社區管理辦法再講道理，最後才談感情，以法→理→情的順序來調解，而不是都先談感情，才能從根本解決問題，維護社區的秩序。

▲ 若經常查閱公告欄資料，可看出社區經營狀況。

35 房屋小知識　💬 管委會三大常見問題，一次解答！

　　說到管委會，其實應該不少人心中有些疑惑，但卻不知道該問誰，下列是最常發生的三大類問題，一次幫大家解答：

Q1 房子外牆年久失修，有滲透漏水的問題，請問修繕費用應該是住戶出，還是管委會出？

　　先找出漏水原因是什麼，如果漏水起點是共用空間，而非私人空間，那就可以進一步要求管委會負責修繕費用或住戶共同分攤。舉例來說，如果是灑水設備破裂，那就是共用設備的問題，當然可以主張要求管委會負責修繕費用；但如果是你的浴室地板漏水造成，修繕費用就可能要由你自己負擔，或是與管委會協調分攤。

Q2 樓上住戶一直發出噪音，妨礙居住品質，可以請管委會出面協調嗎？

　　如果管委會規約中有規定「管委會一定必須協調住戶糾紛」，那就必須遵守約定處理，但如果沒有，管委會就可以自行決定要不要介入住戶糾紛。**也就是說，不論是購屋自住或租屋，在搬進來前都要先了解管委會的管轄範圍，有問題時才能求助有門。**

Q3 社區管理費中有一筆公共基金，管委會打算拿去投資，這是可行的嗎？

　　依法規定，公共基金應設立專戶儲存，不宜用來投資購買基金或有價證券，因此這是絕對禁止的行為，投資有賺有賠，千萬別動公共基金的主意啊！

PART 4

從下訂到入住，
這些都是你的權益！

重點 1 ────────────

如何在議價時，
用合理價格買到房子？

　　不論你想買哪一種房子，都免不了需要議價。之所以會議價，大多是因為「看到的價格」跟「心中所認為的價格」有落差所致。台灣的房市其實有點微妙，雖然有實價登錄網站，但上面的價格卻總是被人懷疑有灌水嫌疑，另外，房仲的「開價」與「成交價」也都有大幅落差，這個相對不透明的買賣市場，造成買賣雙方總是像諜對諜一樣，要彼此猜測、斡旋、殺價，才能達成最終成交目的。

　　除了買房過程不透明之外，也因為每間房子都是獨一無二的，即便位於同一個社區，也會因為不同座向、樓層、坪數等外在條件，而有不同價格，因此沒有一個所謂的「公定價」。

▶ 議價前，先做好功課

　　如果你正準備議價，我建議要先想好「合理價」，在與賣方談判時才有所本。畢竟議價最終目的還是想買到房子，若想談到好價錢，事前一定要做到兩件事：

❶ 善用實價登錄網站，了解區域房價

　　雖然很多人都說實價登錄的價格不可信，但從中還是能看出該區域合理的價格帶，除了要看該區的成交價格之外，也可以找出近五年甚至十年的成交價，抓出該區房價上升的幅度，再計算出你認為可以接受的價格。特別是想買中古屋的消費者，一定要參考網站上的資訊。

❷ 先想好物有所值，且能接受的價格

　　如果看到喜歡的房子，卻總是想用實價登錄上的價格往下殺，交易其實容易破局。因為房子的價值會隨著整體的環境、座向、維護程度而不同；預售屋也是如此，每家建商的建造成本大不相同，從工法、配備、建材到售後服務等都納入考量之後，有可能目前看起來較貴的價格，其實還比較划算。

　　所以我主張買房時，要先清楚產品的「價值」，而不是一心拚命地想要買到「最低價格」，房子是一分錢一分貨的產品，一直糾結於要物超所值，很容易讓自己在房市裡打轉，找不到合適的物件。

房屋買賣

新莊風華雙陽台二房車(預售)　　　　　　　　　　物件編號：C48

1410萬

格局：2房(室)2廳1衛
屋齡：0年｜權狀坪數：35.22坪
單價：50.7萬/坪
樓層：3F/15F
朝向：坐東朝西
社區：新莊風華
地址：新北市新莊區中原路、中富街口

▲ 售屋網站上的開價，有時與成交價相差極大。

如果現在看到的房子已經讓你覺得「物有所值」，建議要針對產品本身先設定一個負擔得起的價格，而不是追求最低價。

▶ 議價時，一定要注意的四件事

如果你已經想好價格，接著就是正式進入議價，為了幫助你不會被現場氣氛或話術影響，這四件事一定要特別注意：

❶ 過程中保持平常心

如果你想買的是預售屋，在進入銷售中心時，現場總是會充斥著成交報喜的對話聲或布條，即便你第一眼覺得這房子不合心意，聽久了也會有種「這麼多人買，會不會是我看走眼」的心情浮現。當進到案場後，會有銷售人員接待，即「跑單」。主要介紹建案與帶看，並且在你談價格時，協助你與現場主管、建商確認戶別與價錢。另外，坐在櫃台內的是控台人員，負責告知跑單可賣戶別及售價。

一般人跟跑單的接觸時間較長，對方通常會從建案的細節開始介紹，在這個過程裡可儘量發問，如果有屬意的樓層與房型，也可詢問售價。此時跑單就會請控台查詢，答案有時是「還沒售出」，有時是「賣掉了」，建議你考慮其他戶別。但這個「賣掉了」，通常不一定是真話。一個建案裡，一定有好賣跟難賣的房型，代銷通常會計畫性地先賣難賣的，保留好賣的戶別，並適時漲價，以獲取最大利潤。如果這時回答「要考慮」，就有機會換得「下次機會」，跑單可能會希望你先付訂金，以換取第一順位。

就是這種緊張怕買不到的心情，最容易讓人在倉促間做錯決定，即便是成屋買賣，也容易被賣方的言語所影響，像是「光這三天已經有十幾組人來看」、「這間房子很搶手，已經有人要出價了」。但我想告訴大家，**進行大筆交易時，最重要的就是「保持平常心」**，才能用正確的眼光判斷，

去設想這間房子是否符合心中的標準，而不是受外在環境影響。

❷ 多看幾次，別急著下訂

賣房子會有一個底價，若想賺獎金就是要賣超價，因此銷售可能會透過觀察你的神情、穿著，來決定要推薦的戶別。如果你開口殺價，跑單可能會採取「以退為進」的方式，面有難色告知「這個價錢沒辦法」，但如果有誠意可先付訂金，他盡可能幫你爭取。有時候，這個「爭取」根本不存在，只是善用你想買房的心理狀態，冷落你一下，加深你買房的動機。

我的建議是，買房是一輩子的大事，千萬不要第一次看房就下訂，首購族很容易因為衝動就購買，或是被現場的氛圍、代銷的銷售技巧等，影響了判斷而忽略該有的權利。

❸ 抓緊自己的預算，不盲目加價

當賣方看出你有成交意願時，一定會用各種方法讓你付斡旋金或加價購買，在這個階段我要提醒大家，**一定要在心裡設定一個「絕對可以負擔得起」的價格**，才有辦法在合理的價格範圍內買到房子。

畢竟買賣房子的金額很大，這時甚至還沒有計算其他的支出，但卻會因為想買的欲望，容易對自己的經濟條件過度樂觀，忽略未來可能會產生的壓力。因此，請一定要穩住自己的情緒，物件很多，如果因為價差太大而沒買到也無妨，未來一定會出現更適合的房子。

❹ 不被議價過程影響心情，並適時讓利

有下過斡旋金、買過中古屋的朋友，一定經歷過這場戲。買方被帶到 A 房間、屋主在 B 房間，仲介就會在兩房之間奔走，有時跟買方說這個價格太低，屋主不賣，希望加價，之後又跟屋主說價格偏離行情，看可否降價。

◀ 議價過程中，最忌盲目加價，忽略個人經濟能力。

　　這些「談價錢」的細節，很多都是仲介在「做狀況」。事實上，可能你出的底價屋主可以接受，但仲介希望再多爭取佣金，所以告訴你屋主不賣。雖然也有很多腳踏實地、一心為客戶著想的仲介，但這種雙面手法，把價格繫於仲介的心情或佣金上，是相對不健康的。

　　正確的做法應該是，你心裡有底價，在現場不要被仲介的話術影響，不拚命殺價、但也不要加價到超過能力，甚至適時讓利，讓買賣順利成交。我想一定會有人說：「Ted，為什麼你叫我抓緊預算，卻又提醒我要適時讓利呢？」

　　我想說的觀念是，**如果物件加價後仍在預算內，那倒不如讓利，以促成交易。**如果你想買的是預售屋或新成屋，由於賣方有底價限制，能談價的空間其實很有限，甚至不太可能需要讓利。但中古屋不同，會依照每間房子獨特的地理環境、屋況等，有不同的議價空間。如果加價後的總價仍在你的預算範圍內，仲介也確實在過程中勞心勞力，替你節省許多麻煩時，我認為付費買服務也合情合理，不須僵持。

 重點 2 ────────────────────

愈早買愈便宜，
「早鳥優惠」真的存在嗎？

　　買房子真的有可以撿便宜的時候嗎？答案是，有機會！餐廳開幕時會試營運，房子自然也有「試賣期」，在房市裡比較常見的說法是「潛銷」。預售屋在還沒有正式對外公開銷售，可能接待中心已經建好、廣告預算還沒有開始花錢，但市場上已經有關注這個建案動向的消費者，留意到該案可能即將開賣的消息，透過網路或電話詢問，便能先獲取該建案的銷售資訊或是直接買單簽約，這個時期就是所謂的「潛銷期」，大家可能更熟悉的名詞是「早鳥優惠」。

　　早鳥優惠比較可能出現在下列三種時期，像是：

❶ 建照申請中

　　建案在申請建照或是建照尚未核發的流程中，由於沒有建照號碼，照法律規定來說，這期間是不能銷售的，但建商可以先做「推廣」，因此對於產品有興趣的消費者，可以在這段時間內事先登記預約。

❷ 建照已核發

　　建照已核發的建案，可能整體的銷售策略及價格都差不多擬定，但

接待中心還沒全部完工，不過已經開放參觀。此時，現場可能會有想購買的消費者，建商就可針對這群人提供優惠價格，刺激買氣。

❸ 建照已核發，但最終銷售價格仍未定

也有另一種可能是，建商還沒決定最終售價，但先讓大家參觀，順便透過跟客戶的互動，決定可能的定價策略，並且在這期間先製造熱度與話題。基本上，這段時間裡任何與消費者議價的過程，都可以拿來作為市場訂價的參考，並依此回推給消費者，作為潛銷期的優惠價格。

▶ 建商試水溫，探測市場接受度

潛銷期其實是建商用來預測買盤，與探測市場水溫的一種銷售策略，如果在這個期間的銷售狀況不錯，等到正式公開時，建商就會加上「公開即熱銷」這種比較刺激的說法。在 2020 年房市又再度熱起來的期間，就我自己收到的消息來說，確實在雙北、桃園市都有好幾個建案是還沒開放民眾參觀，單靠網路預約就湧進上千組客人。

這種狀況就非常有可能是你如果沒預約，根本買不到房子。因為對於建商來說，他們應該是需要一到兩個月的時間才有機會消化完這些預約客戶，之後再開放現場客人進來參觀。因此，新聞所說的「排隊買房」、「一週完銷」等特殊情況，之前確實發生過。

當然，這樣熱烈完銷的狀況是可遇不可求，不過只要產品夠好、建商品牌有公信力、地點夠方便，再加上價格合理，都有機會讓建案變成搶手產品。但這種潛銷或早鳥優惠，並不是每間建商都會做。如果建商認定自己的產品有非常高的市場動能，或認為其品牌實力雄厚，又或者覺得目前訂價已經相對優惠，完全不需要潛銷，甚至也會出現「不二價」的狀況。

早鳥優惠也有可能只釋出部分戶數，主要都是為了測試市場動能與

買氣，如果賣得不錯，價格就會動態調整，**簡單來說，建案的銷售策略都是跟著案子跑的**，有一些建案從開案到完銷，前後可能差了足足一成的價格，一切都看銷況而定。

因此，千萬不要認為建商坐地起價，畢竟房子本來就是賣一戶少一戶，不像賣車，只要有需求就可追加生產。房子需蓋在土地上，一開始可以賣的戶數就有限

▲ 當廣告上出現「熱銷」，不一定都是做假，有時也代表建案真實的銷售狀況。

制，不可能因為賣得好就能無限制生產。在賣房子這件事情上「薄利不會多銷」，因為根本生不出更多戶數，在銷售好的情況下，它一定是愈賣愈貴，有可能在銷售三成、五成、七成時會各調整一次價格，每個案子調漲的幅度不同，這就是所謂的「定價策略」。

所以，早鳥優惠是否有機會搶到便宜呢？**如果你看中的建案屬於熱銷案，早進場確實有可能撿到該建案裡相對不錯的價格帶。**

▶ 買氣決定售價，銷售好就可能會抬價

有時在同一個地區裡，先進場的建案也有可能比晚進場開案的房子來得便宜。建案訂價多是採「市場比較法」，意思是建商會比較市場的一般價格、鄰近地區實價登錄，與周圍預售建案的成交價格。如果現在可以用更好的建材、工法、規劃等，將案子的身價抬高，就有可能再把當地的開價墊高。總而言之，**新建案一定不會賣得比附近的舊房子便宜，**

也不太可能與周遭預售建案的價格相差太遠。

因此依照早鳥優惠來看，建案並不是一開始故意賣便宜，而是建商一開始賣的是「原始設定」，他們初步估計市場的均價，之後會因為市場波動慢慢提高，當然這些策略的前提是「銷售好」。

但一定也會有人認為，前幾年房市不好時，就有地區出現所有建案一起崩盤。沒錯，在大家俗稱「林三淡」的林口、三峽、淡水或是新莊副都心，都確實出現過這樣的情況。當市場上都對該地區價格產生質疑、沒有買氣時，建商確實有可能調降價格，可是再怎麼調降也要合乎成本。事實上很多賣很貴的房子，是因為當初土地取得成本實在太高所致。

長線來看，依台灣目前不動產的走勢，早買絕對會比晚買來得便宜（這裡是指同一個建案）。但最終還是要回到我一直強調的，買房子一定要謹慎規劃財務能力、產品力等，不要因為房市熱，就硬著頭皮買下一戶不適合自己的產品。

35 房屋小知識　晚買也可能撿到便宜？

即俗稱的「晚鳥優惠」，和廣告戶很像，都是為了吸引大家來看房子，因此最重要的關鍵就是「便宜」。但既然是晚鳥，就有可能是建商的最後幾戶，選擇也不如一開始多，也或者是屋內有某些顯而易見的缺點，像是天花板有大樑、該戶別位於車道上方或是正對嫌惡設施等，這種時候相對也會便宜出售。

重點 3

什麼是紅單？
轉讓還可賺錢？

　　預售屋市場的眉角不少，紅單或是預售屋合約轉讓就是其中一塊。我們常在新聞上看到有投資客在轉賣紅單，如果是銷售狀況不錯的建案，這些紅單甚至每張要價幾萬元不等，造成的買賣糾紛也時有聽聞。

　　2020 年底立法院已三讀通過內政部《平均地權條例》修正案，明定預售屋買受人若私自轉售紅單給第三人，或委託代銷進行紅單炒作，可處 15 萬元以上、100 萬元以下罰鍰。這也表示，未來預售屋仍可預購，但是紅單將不得交易，禁止投資客利用紅單炒熱房市。

　　紅單到底是什麼？簡單來說，這張單子指的是購屋買賣預約單或訂購單，因為呈紅色，所以被稱為紅單。紅單會出現在建案還在潛銷期時，銷售會請有興趣購買的客戶支付保留金（5 至 10 萬元不等），等價格出來後再進行議價和下訂，及保留想要的戶型。下訂時則要補足訂金，也就是總價的 5%。

　　簡單想像，這張單子就是在正式簽約前拿到的憑證，或是可以想成擁有該建案的優先購買權，只要等到建案拿到建照後，就可以換成真正的合約。由於沒有議價也未正式下訂，所以拿到紅單後，若反悔是可以

全額退款的。在上述法案還未修正前，部分的預售屋紅單可以轉讓，但因為預售屋的訂購單上有購買戶別、坪數、總價等，所以轉讓必須經過建商的同意。

▲ 紅單已明訂不得轉讓，下訂前需想清楚。

從這裡我們就可以知道，為什麼有些建案的紅單很值錢。你可以把它想成是一票難求的黃牛票，不同區的價格也不太一樣，搖滾區跟頂樓區可以享受到的聲光效果是完全不同的，紅單的道理也是如此，它買的是「樓層」、「坪數」、「車位」的獨特性，一整個建案裡，你可能就只屬意該位置或樓層的房型，所以即便紅單要價數萬，仍有人願意埋單。

▶ 原來，紅單交易並不合法？

為什麼說紅單交易屬違法呢？因為存在下列兩種情況：

❶ 建商未取得建照即開賣紅單

這不僅內政部要罰，財政部也會將建商違規事宜列案。沒拿到建照前便銷售，最高可處 20 萬元罰鍰；廣告若讓購屋民眾誤以為已請領到建照，則涉及違反《公平交易法》第 21 條，最重可開罰 2500 萬元。

❷ 紅單賣方漏報所得稅

依照我國所得稅法規定，紅單交易、預售屋交易皆屬於出售不動產的權利，為「財產交易範圍」，並不屬於房地產交易，因此不適用房地

合一稅規範，不用立即申報課稅。

　　但預售屋買賣，不管是建商取得建照前開始的紅單交易，或者是取得建照後、拿到使用執照前的預售屋買賣（換約），買方購買的就是未來建案完工後，請求不動產過戶予買方的「權利」，納稅義務人應該據實申報所得稅。

　　但買賣紅單、預售屋等財產交易會有所得，必須在隔年申報所得稅時合併計課稅，如果漏報預售屋財產交易所得被查到，除補稅外，還要罰所漏稅額的 0.5 倍。

▶ 拿到紅單後遲遲無法成交，為什麼？

　　拿到紅單之後，還不算是完成交易，後續仍要完成簽約，代表真正下訂了這間房子。不過這中間要耗時多久？有時取決於銷售方背後考量的諸多因素。

　　之前曾有網友問過我，為什麼他下訂預售屋、拿到紅單，代銷卻通知他要再等三個禮拜，才能跟建商簽約，確認買到房子。為什麼還會需要等這麼久，代銷跟建商到底在商量什麼呢？我們先從買預售屋會經過的流程來看，如下：

消費者下訂，拿到紅單　➡　業務員回報建商，確認價格可否銷售　➡　建商確認銷售價格　➡　業務員回覆消費者簽約　➡　簽約，成立正式訂單並成交

　　這個流程主要是因為建商與代銷都在測試市場，並且控制每戶的銷售價格，銷售方與建商在開案前都會談好每戶的底價，建設公司希望賣

出去的金額不得低於底價，如果銷售方賣的金額超過底價，稱為超價；如果低於底價，則叫破底。

這個針對價格來回討論的過程，就會影響到消費者能否簽約，以及多久可以真正簽下正式的合約。我認為其實跟以下三個因素有關：

❶ 業主因為某些原因無法及時回覆

這個雖然聽起來好像不太可能，但卻真的會發生，一旦業主延誤，現場銷售也不可能自己作主，所以代銷再急都沒有用，只能等待業主回覆最終決定。

❷ 多等一段時間試水溫

在銷售時，業主還在觀察市場能夠接受的價格範圍，他們需要蒐集更多樣本回來比對底價，所以業主會把紅單壓著，多方衡量是否要賣或不賣，或是確認有無需要調整價格，畢竟賣一戶少一戶，業主會透過這個過程讓自身利益最大化。

❸ 訂單正在等待分批上報

事實上，**代銷公司的立場會稍微偏向消費者**，畢竟對他們來說，案子是賣愈快愈好，因為建案耗費的時間愈多，整體的成本就會愈高。

但如果代銷賣得很快，建商有可能會認為市場對於建案的接受度很高，就有機會調整價格，一旦調整，銷售的速度一定會變慢，那對代銷來說會變成完銷的阻力。有時候代銷可能一次簽了三十張單，他會分批上報，讓案子的銷售速度穩定成長，透過這樣的操作讓價格穩定，即便處於空窗期，也不會讓業主認為有銷不出去的窘境。

35 房屋小知識　💬 不只紅單，合約也能轉讓？

　　除了紅單轉讓之外，由於預售屋市場大熱，也很常看到買方拿已簽訂的合約出來換約，意指在房屋所有權尚未移轉前，預售屋的第一手買方將契約轉讓給承接方，屬於「權利移轉」，在換約成功之後，建商會將產權直接登記給承接方。

　　預售屋由於是和建商簽訂「具法律效力」的合約，其買賣人、購買金額若有變動都要回報給國稅局，所以有些建商甚至規定不能換約，屋主若是不得已違約，必須照合約規範賠償。

　　如果可以換約，也會有手續費的問題，**依《預售屋買賣定型化契約》規定，建商手續費最高只能收總價的千分之一，但也有部分建商會提供一定時間內換約不收手續費等。**如果換約事宜是委託仲介處理，也需負擔服務費。

　　換約不是簡單小事，前一手買方可能已經繳納大部分自備款，或許也有客變等問題，還包含合約內容所有細節，都必須仔細審閱，承接方需要花費的心思也不少，因此若要承接合約，事前一定要先想清楚才行。

重點 4 ————————————————

你的權益都在裡面，
認識不動產說明書！

　　不知道曾經買賣過房屋的朋友，有沒有留意自己曾拿到一份「不動產說明書」呢？拿到之後，是否也曾看過內容及明白實際的效用？之所以會有這份說明書，除了是政府規定仲介業需提供之外，主要還是為了達成資訊的一致，透過文字記載房屋現況，避免產生糾紛。之後內政部又頒訂了〈不動產說明書應記載及不得記載事項〉，使其在法制上更加嚴謹。

　　每棟房子都是獨一無二的存在，除了座向、格局等，包括有無漏水、產權所有或是違建等，都會記載在這份說明書上。過去因為沒有這份官方文件，使得早年不動產買賣的糾紛頻傳，買方常覺得自己付出大筆金錢，卻買到一個自己都不是那麼了解的商品。

　　至於說明書的格式，雖然內政部有提供範本供使用，但各家業者的內容略有不同，基本上一定會有土地及權狀影本、土地及建物謄本、地籍圖等資料，以及要由賣方填寫的「不動產標的物現況說明書」，必須如實告知屋況，**更不能出現「依現況交屋」等文字**，如果故意隱瞞，屆時交屋後出現問題時，仍需由仲介及賣方負責。

▶ 不動產說明書中會記
　載房屋的各式資料。

⏵ 說明書上一定要有簽名，才有效力

　　下頁的兩張表格，都還只是規範到土地與成屋本身的不動產說明書內容而已，預售屋及預售屋基地也有相關規範，詳細內容可至「內政部不動產資訊平台」查閱。大家一定要記得，只要你是透過「第三方」，包含房仲、代銷或是預售屋的銷售方消費，他們就會受到相關法律規範，必須無條件把說明書交給買方觀看。

　　當對方交給你這份說明書時，一定要先確認有無仲介及委賣人簽名、內容是否完整，確保內容是雙方認同、具有法律效力，這份不動產說明書才有用。再來你就可以依據說明書上的內容詢問屋況、確認細節，以及調查產權、交易條件等。

　　但如果你是跟朋友買房子，沒有透過第三方交易，就不會受到不動產說明書的規範限制。因為這屬於私人買賣，賣方沒有義務提供不動產說明書。

不動產說明書上與「土地」相關之應記載內容

內容	說明
土地標示及權利範圍	1. 坐落之縣（市）、鄉（鎮、市、區）、段、小段、地號 2. 面積 3. 權利範圍 4. 地籍圖及土地相關位置略圖
土地所有權人或他項權利人	有管理人時應載明
土地交易權利種類及其登記狀態	1. 所有權（單獨或持分共有） 2. 他項權利（包括：地上權、永佃權、農育權、不動產役權、抵押權、典權、耕作權） 3. 有無信託登記？若有，應敘明信託契約之主要條款內容（依登記謄本及信託專簿記載） 4. 基地權利有無設定負擔
目前管理與使用情況	1. 是否有依慣例使用之現況 2. 有無共有人分管協議，或依民法第 826 條之 1 規定為使用管理或分割等約定之登記 3. 有無出租或出借 4. 有無被他人無權占用 5. 有無供公眾通行之私有道路
使用管制內容	1. 使用分區或編定 2. 法定建蔽率 3. 法定容積率 4. 開發方式限制 5. 是否屬不得興建農舍或已提供興建農舍之農業用地 6. 是否屬於土地開發
重要交易條件	1. 交易種類：買賣或互易 2. 交易價金 3. 付款方式 4. 應納稅費項目、規費項目及負擔方式 5. 他項權利及限制登記之處理方式 6. 有無解約、違約之處罰等 7. 其他交易事項
其他重要事項	1. 周邊環境（包含生活機能與嫌惡設施） 2. 是否已辦理地籍圖重測 3. 是否有被越界建築 4. 是否公告徵收 5. 有無電力、自來水、天然瓦斯、排水設施等公共基礎設施

不動產說明書上與「成屋」相關之應記載內容

內容	說明
建物標示、權利範圍及用途	包含坐落、建號、門牌、樓層面積（主建物、附屬建物、共有部分）、主要建材、建築完成日期、權利範圍
建物所有權人或他項權利人	查明建物究竟有無設定抵押權等他項權利
建物型態與現況格局	建物型態、現況格局，有無施作夾層
建物權利種類及其登記狀態	所有權、有無他項權利之設定、限制登記、信託登記之情形或其他事項等
建物目前管理與使用情況	是否為共有、有無出租、出借、占用他人土地、被他人占用、是否合法、有無容積獎勵等
水、電及瓦斯供應情形	需確認供應狀況
有無積欠應繳費用	需確認是否已繳清
使用執照有無備註之注意事項	若有，需確認注意事項的內容
有無安全設備	包含電梯設備有無張貼有效合格認證標章、有無消防設施、有無無障礙設施
集合式住宅或區分所有建物應記載之相關事項	住戶公約、管理費、公共基金、有無管理組織、有無共有或專有部分等
建物瑕疵情形	海砂屋、輻射、漏水、淹水、火災、是否為危險建築、樑柱有無裂痕、鋼筋有無外露
停車位	有無單獨區分所有建物登記、使用約定、權利種類、停車位性質、形式、位置及車位編號等

▶ 原來，這些都不能寫在不動產說明書上！

不動產說明書上既然有「必須記載」的內容，內政部也規定了以下這些不得記載的文字，讓不肖人士無法從中鑽漏洞，保障雙方交易安全。以下這六大類文字，是大家在審閱不動產說明書時，一定要多加注意的部分：

1 不得記載「本說明書內容僅供參考」。

2 不得記載「繳回不動產說明書」。

3 不得使用實際所有權面積以外之「受益面積」、「銷售面積」、「使用面積」等類似名詞。

4 預售屋出售標的，不得記載未經依法領有建造執照之夾層設計或夾層空間面積。

5 不得記載以不動產委託銷售標的現況說明書、不動產委託承購標的現況說明書、要約書標的現況說明書或建物現況確認書，替代不動產說明書之內容。

6 不得記載房價有上漲空間，或預測房價上漲之情形。

總而言之，所有的糾紛都來自於沒有合約基礎，所有的口頭承諾都比不上白紙黑字令人安心。因此，請大家在買房前，一定要主動索取「不動產說明書」，千萬別忽視自己的權益。

---

35 房屋小知識　💬 何時能索取不動產說明書？

我想大家可能會很好奇，在交易過程中，何時能索取或翻閱不動產說明書？事實上依法規定，**即便只是賞屋，你依然能跟代銷索取**，若對方不提供，消費者就可考慮是否還要往下談（若現場只有一份供翻閱，建議可錄影存證）。如果是買中古屋，原則上在該物件一刊登時，房仲及委賣人就該備好不動產說明書供審閱。畢竟房屋是高單價物件，動輒數百萬以上，為了自身權益著想，一定要多加注意。

重點 5

相當於房子的身分證，教你看懂權狀及謄本！

　　當你開始看房時，相信一定會注意廣告文宣上寫著「權狀 XX 坪」，你是否會有點疑惑，什麼是「權狀」？其實我們可以將權狀視為房子的身分證，上面會記載著房子的重要資訊。

　　權狀又分為土地權狀跟建物權狀，兩者的功能不同。對於首次買房的人來說，要馬上看懂這兩份文件上記載的項目，並不是一件容易的事。但買房是人生大事，誰都不希望付款後才發現產權不清，或是拿不到產權。因此本篇將教你看懂權狀，才能在買賣時更有保障。

　　首先是建物權狀，上面會標示所有權人、建物標示，包含坐落、建號、門牌號、建築完成日期、主要建材、主要用途、建物層數、層次、總面積、附屬建物面積、權利範圍、建物坐落地號、共用部分等，特別要注意的事項則會列於下方（請參考下頁說明）。

建物權狀

- **主要用途** ▶ 是住宅用、商業用，還是工業用？這一些會影響到你日後的使用規範，而且是很不容易變更的。

- **權利範圍** ▶ 確認是個人擁有還是共同持有？因為有些會登記夫妻、兄弟姊妹共同持有，就會出現兩三個以上的所有權人。

- **建物坐落地號** ▶ 要核對此號碼是否與土地權狀一致，必須相同。

- **總面積** ▶ 總面積是指室內面積，不包含陽台、露台、花台，也不包含附屬建物和共用的面積，這裡要格外留心的

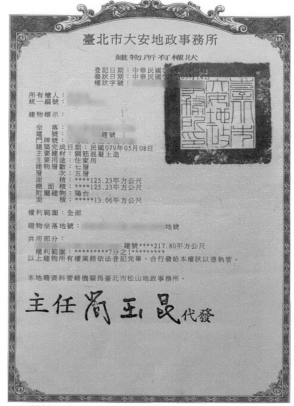

是，上面記載的是平方公尺，需要換算成我們平常習慣使用的單位，即坪數，所以要乘以 0.3025。

- **共用部分的權利面積** ▶ 這裡指的是公設還有停車位，每一個登記的方式是不同的。

權狀面積
＝總面積＋附屬建物面積＋（共用部分面積×權利範圍）

ⓔ 三個觀念，認識土地權狀

再來是土地權狀，我們要建立的第一個觀念是：一個建物可能會有不只一份土地權狀，因為土地是一筆土地，就會有一個自己的地號、一筆土地權狀，而有一些建物它坐落的位置可能是五塊土地，那就會有五張土地權狀。但因為建物只有一個，因此所有土地的權狀面積加總後，就會是此物件土地的總持分面積。

第二個觀念是：土地跟建物所有權人，是否為同一人？有時候可能會遇到登記的名字不同，但我覺得以現在的房屋買賣來說，比較少遇到這樣的狀況，不過還是提醒大家。

最後要提醒大家的觀念是，既然將不動產的權狀比喻為身分證或汽車行照，就是要強調它只有一份，千萬千萬要保管好，如果不慎遺失還要登報，經過一段時間之後才可重新申請。

ⓔ 謄本可查貸款設定，以確認產權

最後要談的是謄本，買賣房屋時可透過地政事務所，或是「全國地政電子謄本系統」來查詢謄本。和權狀最大的不同在於，謄本上的資料是隨時可更動的，而調謄本主要也是為了了解所有權及是否有貸款設定等資料。因此在買屋簽約前，一定要記得再調一次謄本，避免屋主在買賣過程中，私自拿房子去貸款。

若你有找代書協助，通常代書會在不動產買賣之前，跟屋主收取權狀，再交由第三方管理，避免屋主再拿去做設定抵押。不過，我們該如何在謄本上看出房屋是否有貸款呢？**可注意謄本中的「他項權利」，如果有貸款，上面會顯示抵押權；如果有增貸，也會在「額外設定」中看到增貸的部分。**像這樣的貸款問題，最容易在中古屋交易中發生，因此「謄本」就是很重要的依據，一定要做好產權調查，並以謄本實際登記

的狀況來判斷產權是否清晰。

　　總而言之，謄本上的內容要愈單純愈好，且最好所有權人只有一位，這樣在買賣上就完全沒有疑慮。

土地謄本

土地登記第二類謄本（所有權個人全部）

列印時間：民國110年04月07日17時49分　　　　　　　　　　頁次：1

本謄本係網路申領之電子謄本，由□□□□自行列印
謄本種類碼：KPQ*GUSQ，可至https://ep.land.nat.gov.tw查驗本謄本之正確性
松山地政事務所　主　任　高麗香
松山電謄字第□□□□號
資料管轄機關：臺北市松山地政事務所　謄本核發機關：臺北市松山地政事務所

＊＊＊＊＊＊＊＊＊＊＊＊＊＊ 土地標示部 ＊＊＊＊＊＊＊＊＊＊＊＊＊＊

登記日期：民國079年06月27日
面　　積：＊＊＊＊＊＊227.00平方公尺　　　　登記原因：合併
使用分區：（空白）　　　　　　　　　　　使用地類別：（空白）
民國110年01月　公告土地現值：＊＊384,348元／平方公尺
地上建物建號：

其他登記事項：合併自□□□□
　　　　　　　重測前□□□□
　　　　　　　（一般註記事項火光復南路受益地

＊＊＊＊＊＊＊＊＊＊＊＊＊＊ 土地所有權部 ＊＊＊＊＊＊＊＊＊＊＊＊＊＊

（0001）登記次序：0028
登記日期：民國098年05月14日
原因發生日期：民國098年04月23日　　　　登記原因：買賣
　所有權人：許＊＊
　統一編號：E200＊＊＊＊＊3
　住　　址：
權利範圍：＊＊＊＊＊10000分之1278＊＊＊＊＊＊
權狀字號：
當期申報地價：109年01月＊＊　　　　元／平方公尺
前次移轉現值或原規定地價：
098年04月　　＊＊　　　元／平方公尺
歷次取得權利範圍：＊＊＊＊＊10000分之1278＊＊＊＊＊
相關他項權利登記次序：0033-000 0036-000
其他登記事項：（空白）

＊＊＊＊＊＊＊＊＊＊＊＊＊＊ 土地他項權利部 ＊＊＊＊＊＊＊＊＊＊＊＊＊＊

（0001）登記次序　□□□□
收件年期：民國098年　　　　　　　　　權利種類：最高限額抵押權
登記日期：民國098年05月14日　　　　　字號：松山字第□□840號
權　利　人：臺灣土地銀行股份有限公司　登記原因：設定
　統一編號：03700301
　住　　址：台北市中正區黎明里１０鄰館前路４６號
債權額比例：全部　＊＊＊1分之1＊＊＊
擔保債權總金額：新臺幣＊＊＊＊＊＊＊＊＊＊16,680,000元正
擔保債權種類及範圍：擔保債務人對抵押權人現在（包括過去所負現在尚未清償）及將來在
　　　　　　本抵押權設定契約書所定最高限額內所負之債務，包括借款、透支、
　　　　　　貼現、買入光票、墊款、承兌、委任保證、開發信用狀、進出口押匯
　　　　　　、票據、保證及依信用卡契約、應收帳款承購契約、衍生性金融商品
　　　　　　交易契約及特約商店契約所負之債務。
擔保債權確定期日：民國１２８年５月10日。
清償日期：依照各個契約約定
利息（率）：依照各個契約約定
遲延利息（率）：依照各個契約約定
違約金：依照各個契約約定
其他擔保範圍約定：１．取得執行名義之費用。２．保全抵押物之費用。３．因債務不履
　　　　　　行而發生之損害賠償。４．因辦理債務人與抵押權人約定之擔保債權
　　　　　　（續次頁）

- **列印時間** ▶ 日期要愈新愈好。
- **地上建物建號** ▶ 位於該土地上的建物建號。
- **登記原因** ▶ 取得建物的原因，大多是買賣。
- **登記日期** ▶ 地政機關登記完畢日期。
- **所有權人** ▶ 所有權人的姓名。
- **權狀字號** ▶ 土地所有權狀的字號。
- **權利範圍** ▶ 即所有權人的持分。
- **他項權利部** ▶ 這一欄會列出他項權利的種類，及他項權利人的資料、擔保債權金額等，大多是貸款銀行及抵押權契約書上的內容。

---

35 房屋小知識　💬 謄本遺失，房子就可能被賣掉？

　　我們曾聽到的一種詐騙是屋主親戚拿到屋主的身分證和印鑑後，未經其同意就去辦理權狀遺失，然後再申請補發，補發拿到權狀後，就直接把屋主的房子賣掉了！這不是故事而是真實發生的事情，而且不只一例。

善用地籍異動即時通服務，保障自我權益

　　為了預防這樣的狀況，在這裡提供一個小撇步，可以預防上述情況發生。2016 年內政部地政司的地政線上申辦系統推出「地籍異動即時通」服務，當任何屬於你的財產要做變更時，即時通會透過手機、電子郵件通知你，告知財產已經遭遇變更，因此如果不是你本人操作，或是有異議要趕快提出，為自己設下最後一道防線。

重點 6

買賣房屋時，
該繳哪些稅？

買屋、賣屋時，很容易被忽略的成本就是「稅」，雖然財政部網站上有「線上稅務試算」功能，輸入數字即可得知費用，但為了幫助大家了解各項稅制，本文中會列出三種情況，包括買屋、持有及賣屋時可能會遇到的稅費、需繳納的時間，及大約需繳多少稅。

【你是屋主】持有房屋時要繳哪些稅？

房屋稅率會依地方政府而定，一般會有幾種類別，包括自用住宅、非自用住宅用、非住家非營業用、營業用及工商登記。其中非自用住宅用，就是俗稱的「囤房稅」，各縣市稅率略有不同，但因為這個稅率與自用住宅只差千分之三，所以才會引發一些社會討論（編按：政府於2021 年 3 月公告，暫緩修法囤房稅）。

另外有一種是工商登記，這種會與買賣工業宅的人較相關。要注意的是，有些銷售工業宅的業務會強調，工業宅可以申請「自用稅率」，

意思是你可以把稅率改成「自用」，但工業宅不會因此變成「住宅」。

　　再來是地價稅，分成六個等級，稅率是由地方規定的公告地價與用地類型作為基礎，用地類型包括自用住宅用地、勞工宿舍、國民住宅、公共設施、公有土地及工業用地等。**當然，地價稅是依照土地持分計算，土地持分愈大、地價稅就會愈高，因為土地是會連年增值的。**

　　至於這些稅是買方還是賣方繳呢？端看在買賣時雙方如何協議。而房屋稅裡的「房屋評定現值」，則要看當時政府對於房屋的評定價值，現行狀況是每三年調整一次，通常會依照地段、屋齡等屋況來判定。正因如此，依照國稅局定義，當房屋總價超過一定金額者：台北市為 8000 萬、新北市 6000 萬、其餘縣市為 4000 萬，就會被定義為高級住宅，還會被額外課徵豪宅稅，豪宅稅又會因為建案完工時間有所不同。

屋主要繳的稅

稅費	繳納時間	計算方式	稅率
房屋稅	每年 5 月	房屋評定現值 × 稅率	自用住宅用：1.2% 非自用住宅用（囤房稅）：最低 1.5% 非住家非營業用：2% 營業用：3% 工商登記：3%
地價稅	每年 11 月	申報地價 × 地價稅率	依據地方政府的公告地價與用地類型作為基礎計算

【你是買方】買房時要繳哪些稅及費用？

　　這些稅及費用其實都不是太大負擔，只是仍然屬於一筆開銷，建議買屋前就規劃進預算裡較好。如果你覺得買到新房之後還要處理稅費很麻煩，也可一併交由代書處理，只要額外付一筆代書費即可。此外，前屋主可能會提出房屋稅、地價稅要依照交屋日期為基準點，買賣雙方按

照比例分攤，這點就是看買賣雙方如何協議認定，因此也要同步計算，視為可能的開支。

買房時要繳的稅

稅費	繳納時間	計算方式
契稅	核定稅額通知書送達後 30 日內	建物核定契價 ×6%
印花稅	辦理過戶時，同時會需要簽署公契、貼印花稅票	建物核定契價 ×0.1% 土地公告現值 ×0.1%
買賣地政登記規費	買賣雙方確定要辦理過戶	（建物核定契價＋土地申報地價）× 0.1% ＋書狀費
申貸設定登記規費	向銀行申貸時	房屋貸款金額 ×1.2×0.1%
貸款申辦費	銀行承辦貸款時會收取的費用	依各銀行而定
仲介費	成交時	成交總價 ×與仲介談定的 % 數

【你是賣方】賣房時要繳哪些稅？

　　賣房時最需要注意的是房地合一稅，如果是出售在 2016/1/1 後取得的房產，或出售 2016/1/1 之前取得，但持有未滿 2 年的房產，就會依照屋主房產持有的時間課徵房地合一稅，稅率從 15% 到 45% 不等。

　　而房地合一稅的本意是，將房屋與土地合併後的實價總額，扣除你實際取得的成本後，依照實際獲利課徵所得稅，如果你有投資房地產，就得注意自己的獲利是否會因房地合一稅而減少。若你準備賣房，一定要弄清楚在自己持有的期間內，會被課哪種稅率、是否符合特別稅率等，或是自住時間是否超過 6 年，可否享有 400 萬免稅額。雖然計算方式也

頗為複雜，但這是你我的權利與義務，事先了解才能多一份保障。

賣房時要繳的稅

稅費	繳納時間	計算方式
土地增值稅	收到繳納通知書後，30 日內需申報	• 一般土地以公告現值累進計算 20%、30%、40% 級距 • 自用住宅優惠稅率為公告現值的 10%
房地合一稅	買賣合約完成後，30 日內需申報	依持有期間課稅，稅率自 15% 到 45% 不等

35 房屋小知識

💬 **房地合一稅修法中，盼遏止炒房**

截至本書付梓時（2021 年 5 月），行政院三讀通過房地合一稅 2.0 修正，並將於 7 月 1 日上路，最大的改變在於短期交易定義為 5 年以內，針對境內個人持有房地產交易，修改為 2 年以內稅率 45%、逾 2 年未逾 5 年 35%、逾 5 年未逾 10 年 20%、10 年以上維持 15%；非境內個人為 2 年以內 45%、逾 2 年 35%。

此外，針對境內營利事業持有 2 年以內，修改為適用 45%、逾 2 年未逾 5 年 35%、逾 5 年 20%；境外營利事業持有 2 年以內 45%、逾 2 年 35%。政府強調，修法是為了打擊短期炒作，遏止炒房，讓房地產市場更健全。因此，買賣房屋前一定要了解稅賀制度，保障自我權利。

重點 7 —————————————

為什麼要驗屋？
怎麼驗才最有保障？

　　驗屋是到底要驗什麼？怎麼驗？驗屋也要花個幾萬塊，有必要嗎？過去大家可能對於「驗屋」不是那麼了解，隨著新建案愈來愈多，大家更重視交屋的建築品質與安全，使驗屋這個行之有年的「交屋前步驟」愈來愈被重視。雖說驗屋多用在新成屋或預售屋，但中古屋也可以驗，亦可參考文末提供的一些小撇步，教你如何自行檢查。

　　驗屋是一個買賣雙方驗貨的流程，一般建商都會有一些制式流程與表單，你可以自己跟建商約時間，也可以找專業的驗屋公司加入。另外，第一次稱為「初驗」，會在建造公司與你簽約對保完成後通知驗屋，**請記得驗屋現場一定要有「起造人」，即營造公司的工務，以及買家都得在現場，若有驗屋公司就三方逐一就項目點交，而非只單用文字、圖片溝通**，這樣後續修繕流程才有意義。

　　驗屋完成後才會交付尾款給建商，所以建商勢必要對屋況負責。驗屋時，一定要仔細拍下每個你認為有瑕疵的地方，最好也帶著有時間、日期的手錶或鬧鐘，拍攝時一起入鏡，才能證明驗屋的時間。

驗屋有五大重點項目，包含消防、機電、土建、進排水及窗框。說老實話，很多東西肉眼看得出來，比方油漆、磁磚、門框安裝等，但真正會影響到入住安全的，包括排氣、防水、配電盤等，一般人要自行檢驗真的不太容易。舉例來說，冷氣排水有無漏水，絕不是直接用水管沖冷氣就可以知道，若是專業團隊操作，會以穿水管大量沖水持續 20 分鐘到半小時，如果冷氣排水沒做好，大量沖水後整面牆都會漏水，且不只是冷氣，包括窗框、浴室都要這樣做，但一般消費者很難做到。

　　至於平常大家比較在意的天花板、地板、門片門框，乃至廚房衛浴設備，如果你是會重新裝潢的買家，這些部分或許會打掉重做，在這階段反而比較不需要在意。

▲ 專業驗屋團隊會用穿水管來測試冷氣排水。

　　驗完之後就必須在單子上寫缺失，一一確認需要起造人重新修繕的項目，等對方完成修繕之後，會另約時間複驗。複查後可以提出異議，也可以有三、四、五驗，一直驗下去雖不用多付錢，但會拖到交屋時間，對買方來說是不利情況。因為在對保完後，貸款就已經開始計算付款時間，愈晚搬進新房，房子空著的相關成本就會上升，最好的情況是早點搬進來住，才能降低成本。

驗屋時會看的項目

門扉檢查	窗戶檢查	天花檢查	地坪檢查	
牆面檢查	排水測試	滲漏測試	插座檢查	
開關檢查	電箱檢驗	設備檢測	洩水坡度	冷氣排水

⏵ 驗屋講求效率，絕不能拖

由於驗屋講求的就是效率跟即時，以我自己的經驗來說，當天驗完、當天給驗屋報告才是最好的做法，因為有問題就是要盡快處理，很多驗屋公司驗完之後，還會花費約一週時間做一本精美的報告提供給買家，仔細想想，那些都是你貸款的成本啊！

當天給報告也有一個好處，就是可以讓起造人、當事人跟第三方驗屋團隊一起確認驗到的問題或瑕疵，三方一起比對，才不會有爭議。在現場確認驗屋瑕疵後，就可以跟起造人押一個修繕截止時間，讓一切更有效率。

另外，也會有人問：「如何選擇驗屋團隊呢？」驗屋團隊其實並沒有「國家級證照」，也沒有 SGS 認證，只有自行成立機關團體的工會證照，所以若是要國家單位等級的評比標準，現階段是沒有的。以我的角度來看，**驗屋團隊的水準著重於器材跟經驗**，因為整體檢驗的技術門檻沒有很高，比較高的在於器材，有些檢驗器材會從數萬塊到數十萬不等，就

▲ 驗屋若看到瑕疵，要立即寫下並拍照。

看驗屋者對於器材的要求標準。如果你找不到適合的驗屋團隊，就需要比較風評、信譽及口碑介紹了。

⏵ 驗屋是以坪計價，坪數愈大愈貴

一般坊間驗屋公司計價，是以室內實際坪數計算，依坪數大小計價，坪數愈大、價格愈貴。如果在你買房後，社區內有成立已購戶群組，也

可以一起找驗屋公司洽談團購價。甚至有些社區的團購不僅限於驗屋，還包括家電、家具甚至是裝潢設計跟工程統包等。原因在於有量就可以制價，可爭取到更好的價格。

驗屋完成後就是點交了，點交時會跟你確認鑰匙、門卡，以及屋內當初承諾你要給的配備，從馬桶、按摩浴缸到對講機等，都會一起點交。建設公司會給你一張點交單，方便你逐一清點，清點完成後，你就得到一間屬於自己的房子，恭喜入住！

最後要說的是，如果是中古屋，有可能牆壁、水管線路等都會打掉重做，驗屋變得不是那麼必要，不過仍然可以尋求專業團隊的幫忙。若你打算直接入住，除了管線、樑柱、蟲蛀、牆壁、水壓等要注意外，**購買之前一定要先跟屋主、房仲做確認，這間房子的既有缺失有哪些、保固多久，若交屋後還有問題，由誰負責改善等**。此外，內政部也提供「民眾看屋注意事項參考表」（請掃右方 QR 碼下載），能幫助你在看屋時更謹慎。

民眾看屋注意事項參考表

---

35 房屋小知識　💬 **不驗屋可以嗎？需承擔更多風險！**

你當然也可以不驗屋，就直接簽切結交屋，但通常我認為如果是買預售屋，**一定要驗屋才是對買賣雙方的保障**。如果入住後才發生狀況，花的錢絕對不只是一筆驗屋費用而已，甚至可能每年都需要修繕，以 YouTuber 這群人裡的尼克來說，當時他買的第一間房子漏水，後續就花了很多心力修復，真的勞心又勞力。

重點 8

買預售屋前，
一定要注意的五件事！

　　在疫情期間，因為大量熱錢在市場中流竄，很多人選擇將錢拿去買屋，以至於在 2020 年間，台灣整個房市又熱了起來，其中最熱的莫過於預售屋。常有網友直接留言詢問「×× 預售屋可以買嗎？」、「為什麼我去看預售屋，銷售小姐卻一直叫我先付 5 萬下訂？」和成屋相比，這種看不到實體的房屋，確實會讓人產生許多疑問。

　　預售屋的好處在於分期付款的條件相對成屋來說寬鬆，從下訂、簽約、結構中、工程期到交屋之間，各個不同時期設定不同成數的付款條件，讓大多數手上沒有足額預售款的購屋族，可以將兩到三成頭期款分期繳納，減輕一次拿出鉅額款項的壓力。

　　另一個好處是，預售屋為全新房屋，在建造時就必須符合最新的法規規定，像是多數人最在意的耐震係數、消防與安全設備等，其建造標準都會比中古屋來得嚴格。當然也有許多人擔心預售屋蓋好後，不符合當初與建商簽約時的規格，因此若想購買預售屋，一定要牢記下列五個重點，才能下好離手。

❶ 賞屋時透過錄音、錄影留下紀錄

　　預售屋在銷售時因為完全沒有實品可看，所以會建置樣品屋提供參考，在家具、軟裝營造的氛圍下，很容易讓人忽略許多細節，例如過薄的牆壁、太小的床及沙發，或看起來完全不合理的動線、缺少生活必備家電的擺設位置等，甚至是頭頂上的樑柱、樓高等，常會因為太過美侖美奐的裝潢而被忽略。往往都是到入住後才發現，怎麼跟當初看到的不太一樣？這也是為什麼過去我們常聽到，因樣品屋的規格與設計和實體屋相差甚遠，進而產生糾紛。

　　再者，買房時可能不只看一間房，有時一天跑好幾個建案都是常見的，因此我非常建議準備好手機或錄音筆，除了是為代銷的說法留下證據之外，也是一種看屋紀錄，之後要做決定時也方便對照建案優劣。千萬不要覺得害羞或認為這是奧客的行為，因為這是法律賦予你的權利，可作為日後買賣糾紛時的存證。**如果真的怕被建商阻止，建議說明是自己怕漏掉資訊、產生誤差，想做個紀錄即可。**

❷ 附送的裝潢，不一定實用

　　就我的立場來看，我是不喜歡買屋送裝潢，原因不難懂，就是對方的裝潢跟設計，不一定符合生活所需。舉例來說，如果是自用的裝潢，多半會利用空間做收納，但如果是用來銷售的裝潢，則會以明亮、舒適為重心，收納、門板甚至是牆面都會做得特別薄及少。

　　此外，既然是贈送的裝潢，板材用料或家電可能都不會太耐用，而且這些裝潢也不包含在保固範圍內，如果有損壞、設計不良等，也都是消費者要承擔。整體來說，免費的不一定最好用、最划算，長遠來看，反而有可能是最貴的選擇。

❸ 問清楚是否能「客變」

客變是指「客戶變更格局規劃」，可以依照自己的需求，在預售屋建造期間做變化。我也聽過是因為風水而客變的案例，但總之就是因為建商現有的原始格局配置圖不合你意，才會產生客變。

客變最大的好處是，可以依需求客製化，包括格局、建材設備、天地壁、水電管線配置等。但因為客變對建商來說實在是太麻煩了，所以在買房前一定要問清楚是否能客變。再者，也是因為麻煩的緣故，有些建商會強調「退料不退工」，不做的料會退款，但工錢不變，所以要自行斟酌整體客變的費用與預算，是否划算。

如果確定要客變，何時要準備好相關的資料呢？這要看建商的規劃，但通常會是蓋到 10 樓時，可能就會通知 15 樓的住戶準備，這時就可以依照建商提供的原始結構圖、水圖、電圖以及藍晒圖，告知建商做格局更動，並簽署變更合約。

在客變時，最重要的一個大方向是先規劃「可行性的動線」。 你的居住需求會影響動線跟使用空間，這些都是在平面配置時就要先考慮的。因此也有不少人會在客變時找設計師協助，只要清楚自己的需求及預算，接下來就是預留 1 至 3 個月的客變時間即可。

❹ 看清付款條件，「低自備」可能是陷阱

賞屋後，代銷人員通常會拿出一張付款試算表，告知總價及繳費方式，每個建案的付款條件都不太一樣。

有些建案為了吸引客群，會打出「工程期免付款」的銷售手法。據我觀察有兩種可能，一是建案的總價低，建商不怕買方在工程期後繳不出款項，所以會讓利給購屋者。另一種可能是，建案的總價雖是中上價格帶，但因為建設公司的實力夠好，不需要定期收到已購戶的款項，也能維持建案的正常運作。從這個角度來看，可視為建設公司考量消費者

市場，為刺激消費欲望而推出的優惠。至於像是「低自備」或「0自備款」，是指在初期只需準備一成或更低的款項，就可買到房子。

這些能延遲付款的優惠方式，雖然可讓消費者在前期較輕鬆，但後期就需直接付清剩餘的款項，可能達上百萬，**若無法準時繳納，甚至還有賠償違約金的風險**，因此建議還是要預留至少兩成的自備款較好。

❺ 加入已購戶群組，有事一起討論

為什麼要加入這樣的群組？答案是，雖然已購戶還沒有入住、房子也還沒交屋，甚至沒有管委會，在什麼都沒有的情況下，這個群組有機會制衡銷售方，可讓彼此的訊息互通有無，不會被賣方牽著鼻子走，喪失權益。

因為預售屋沒有鄰居，在缺乏討論的情形下，有任何問題都得自行面對銷售方，因此若能事先加入群組，就能相互討論，提供意見。由於大家都是買方，立場會相對一致，這裡能成為事先討論的私密領域，包括客變、交屋前的程序、驗屋到貸款方式等，都能相互交流。

但已購戶客群組比較特別的是，參加的門檻較高，大多需要出示購屋合約，證明自己是某棟某樓某戶，藉以杜絕有心人士混入。**但要提醒的是，已購戶群組並不是管委會，不具有管理權限。** 群組充其量就是一個討論或分享的社群，即使群組代表多數人的意見，都不等於管委會的公告，如果有任何需要訂定規範的事務，都應該拿到正式的會議上討論。

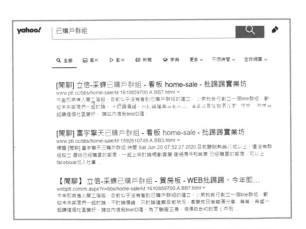

▲ 只要在網路上搜尋已購戶，就能找到各建案的群組。

35 房屋小知識　💬 五個重點，帶你看懂預售屋合約！

當你準備要簽預售屋合約時，可能會有很多疑問，因此我列出五大重點，幫助你看懂合約，不再求助無門。

1 下載內政部的範本，比對合約內容

預售屋合約其實有官方版本，即內政部公告的〈預售屋買賣定型化契約應記載及不得記載事項〉，簽約前可先上網下載，再比對自己拿到的合約。**目前政府要求契約必須開放公開審閱，就算沒付訂金也能先看。**若有問題，在合約審閱期內都可提出，如果真的有需要，在這個期間亦可隨時撤銷，不需理由。

2 廣告文案、建材配備等，皆要列入合約內

所有預售屋相關的廣告、文案等，都會視為契約的一部分，未來如果有不符事實的地方，可以向建商提出異議。此外，當初承諾的建材或是配備，也可明確要求註記在合約內，不可用「同等級」代替；保固時間也要看清楚，並一併索取保固卡。要特別說明的是，有些人會跟建商要求建材的「出廠證明」，但這不是法定義務，如果因為某些因素無法提供，也不代表是不負責任。

3 清楚標示建物規格

合約內要寫明房子坐落的地段、地號、基地面積、持分比，包括主建物、附屬建物、車位標示面積等，最好連車位大小都要註記，避免交屋時才發現，合約上寫的產品根本不是所要的戶別。此外，**目前政府規定面積誤差不得超過 3%，建商如果多蓋，消費者得補價差；如果少蓋，建商一定要退錢。**但如果誤差超過這個範圍，嚴重者可申訴要求解約。

4 列入交屋逾期、產品瑕疵等違約權利

通常建商的交屋日期都會寫得很保守，幾乎不太會有違約狀態。但施工時仍會受到許多外部因素影響，導致交屋時間不準確，為保護自己的權利，建議要明訂交屋逾期的罰則。另外，根據消保法所示，舉凡裂痕或漏水等重大瑕疵，買方可主張要求減少價金或解約，並要求建商修補或賠償。

5 寫明付款方式

網路上不少人強調要看價金信託證明書，但我認為如果建商有心倒款，其實很難阻止，倒不如問清楚付款方式，包括付款期限、方式及違約罰款等。付款時，建商會提供撥款專戶，記得要先照會該銀行，了解擔保內容，確認金錢流向。

契約細節千絲萬縷，如果自己看不懂，一定要找專家協助解答，或是與其他已購戶討論合約內容。最後，審閱期間若有任何問題，記得回饋給建商或代銷，以保障自己的權益。

預售屋買賣流程

下方圖表是預售屋的買賣流程,原則上各建案不會相差太多,但建議大家仍要細讀合約及問清楚各項條件,以保障自我權益。

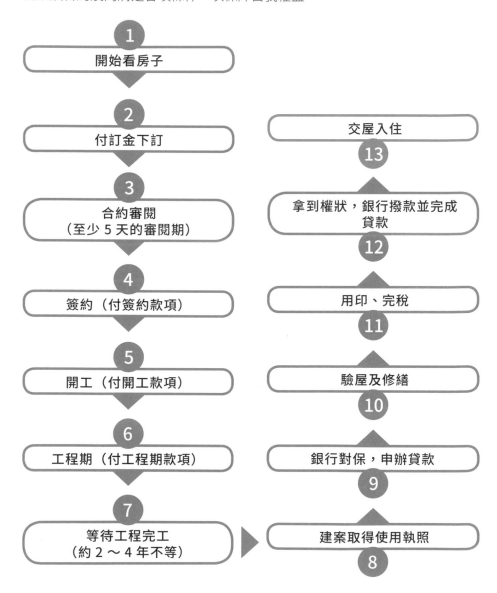

 重點 9

買中古屋前，
一定要注意的六件事！

　　中古屋的交易流程、簽訂的合約，都與預售屋截然不同，需要在意的事情自然也不太一樣，基本上我覺得中古屋要注意的事情更多，如果是新手買家要進行中古屋交易，要做的功課也會更多。

　　畢竟中古屋什麼狀況都有，很多問題或狀況是你看不到的，甚至只要用簡單的木作或裝潢，就能隱藏壁癌或漏水，讓買方很難察覺背後的問題，入住後才發現需要修繕。**因此，我比較建議大家購買時，都買「素顏」產品，意即看得到骨幹、原貌，可以得知愈多原始屋況的產品，其條件愈透明。**至於後續的裝潢款記得多抓些，要怎麼弄自己想清楚就好。

　　至於有關中古屋的交易注意事項，如果用流程來看，大概有六個重點要注意：

❶ 若是和仲介交易，記得先比價

　　通常買中古屋的第一步，都是會先上網搜尋，鎖定區域跟總價，看看有沒有合適的物件，再進一步聯絡交易平台上的聯絡人，可能會是仲介也可能是屋主。如果發現聯絡人是仲介，建議再多方搜尋其他平台，查閱價格是否有不同。如果是透過仲介交易，要先看是專任或一般合約，若是一般，有可能不同仲介的價格就會不一樣，可以先挑開價較低的接觸。

買中古屋時，不少人會很想跳過仲介交易，省下服務費，但仲介存在的目的就是保障交易過程中，你不會漏掉所有該知道的訊息，當然這個前提在於，你接觸的仲介擁有一定的專業程度。

② 實際確認屋況，並多方詢問

到了物件現場，仲介應該都會準備一張基本資料供你參考，包括坪數、屋齡、開價、屋況等。但這些訊息還不足以成為你買房的理由，**一定要先拿到「不動產現況說明書」，看清楚權利歸屬、周邊條件、使用現況，還有最重要的產權歸屬。**如果是找屋主，就不一定會準備上述內容，但優勢是價格透明。

當天看完後，如果覺得是可以考慮的標的，記得多留意周邊環境，白天、晚上都到附近走走，多跟鄰居聊聊，很多的細節都是藏在長期住在此處的這些人身上，多一分資訊就是對交易多一分保障。

③ 有意購買可下斡旋金，確保交易資格

如果確認有意願購買，仲介就會請買方下一筆「斡旋金」，這筆費用是用來證明買方有出價購屋意願，並保障買賣雙方權益，委請仲介方代為溝通協調的一筆費用。

斡旋金沒有固定金額，目前市場上大多介於 5 萬到 10 萬元間，或依照物件開價的比例給予。基本上都是看屋主開價，我也聽過需要百萬斡旋金的物件，主要是因為屋主想確認買方的財務狀況，是否真有能力購買房子。這筆錢在確認交易成功之後，就會轉變成買賣價金，若交易價格無法談攏、買賣失敗，這筆錢就會退還給買方。

④ 議價時要誠心，殺價也要合理

下了斡旋金之後，就到了買賣雙方約出來談價格的時刻。因為實價登錄的關係，目前買賣雙方對於價格的認定相對來說較接近，通常談到

的價格都會落在開價的 85 折到 9 折之間。之前很多人希望我能教一些談到好價格的攻略，但說真的，與其和賣方諜對諜，我真心認為，唯有你誠心要買，仲介跟屋主才會幫助你，和氣才能生財。

❺ 成交後，請專業代書幫忙後續流程

這個階段請記得找一位可值得信賴的代書，他會幫你跑完後續所有流程，包括簽約、用印、完稅、尾款匯款、辦理貸款，整個房屋交易流程是否順暢，很大一部分都在於代書的專業度。

至於代書是否資深、與銀行關係好壞，是否有可能會影響買方的貸款成數？答案是肯定的。房屋管家的同事韋志也曾經分享過自己的經驗，同一個物件找十幾位代書送銀行貸款，結果報回來的成數都只有六成五，但唯有一名相熟且資深的代書可以辦到八成，這就是代書專業度的差別。原因在於，有些代書在某些區域跟銀行配合的默契較強，不是說絕對，但確實有可能發生。

❻ 交屋前要確認屋況，避免產生糾紛

許多中古屋交易之所以會出現糾紛，都是因為買方對於物件的認識不足、賣方沒有交代清楚所有資訊，而造成雙方對於物件產生資訊落差，進而引起糾紛。買賣房子的金額實在太大，與其在事後補救或發生爭執，不如在事前就先調查好所有你該掌握的資訊。

當然，如果發現房屋現況與文字不符時，記得要求屋主修繕。雖說在中古屋市場裡較少人驗屋，**但如果你想要多一層保障，或擔心自己看不懂屋況，當然也可以找驗屋團隊協助你看清楚房屋真實的面貌，**但取決於屋主是否同意驗屋，這點務必要確認。

以上就是中古屋交易的注意事項，每個環節要做的功課都不少，如果你對房屋的狀況沒有很了解，切記在每個階段裡都要請教可信任的專家，相對來說較有保障。

中古屋買賣流程

下方圖表是中古屋的買賣流程，不論是和仲介或屋主交易，都不會相差太多，可依需求參考使用。

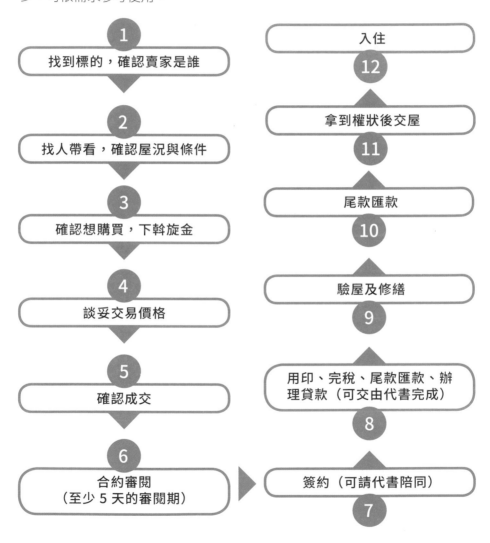

1 找到標的，確認賣家是誰

2 找人帶看，確認屋況與條件

3 確認想購買，下斡旋金

4 談妥交易價格

5 確認成交

6 合約審閱（至少 5 天的審閱期）

7 簽約（可請代書陪同）

8 用印、完稅、尾款匯款、辦理貸款（可交由代書完成）

9 驗屋及修繕

10 尾款匯款

11 拿到權狀後交屋

12 入住

35 房屋會客室

小資族必看！
如何用有限的預算完成裝潢？

　　有關裝潢，我的做法是「先別想預算，找喜歡的風格比較重要」，為什麼這樣說呢？裝潢跟買房不太一樣，房子確實會因為預算而限制房型、地點；**但裝潢可以用「不同的價格」成就「同樣的風格」**，只要你選對商品、設計師，住起來一樣會是你喜歡的空間。

　　所以我比較建議，對於裝潢可以先大膽作夢，之後再去看價格，如果太貴，再去找相似風格且價格可負擔的方式，來達成你的想像。因為預算容易限制想像或做法，最後裝潢出一個自己也不甚喜歡的房子，只好將就地過生活。你花了人生最重要的一筆預算，但沒有把空間狀態調整到最喜歡的模樣，我覺得很可惜。如果你希望用有限預算來完成裝潢，幾個重點一定要記得：

❶ 找到喜歡的風格後，先設計目前會用到的空間

　　先上網多看設計網站、家具賣場的型錄等，累積自己對於設計、裝潢風格的心得，摸索出喜歡的樣子。之後是確認需要裝潢的坪數，如果是「空屋」交屋，可能會附有簡易裝潢，像是地板、廚具三機及衛浴等。若預算有限，衛浴、廚房等可先沿用，甚至天花板、牆壁等也可維持原案，先不做裝潢。

另外，如果是一對年輕夫妻買了三房產品，預計為未來的家庭成員做打算，但買房的當下，孩子還沒出生，這時也不用急著先設計兒童房，先裝潢需要的空間，其他等孩子出生後再規劃即可。

❷ 依預算，選擇風格一致的顏色及材質

如果預算有限，就要注意空間裡的顏色、選擇的家具或牆面材質，因為相近的材料及材質，才能勾勒出一致的風格，如鄉村風可能會用到木頭、白牆；工業風就可能是紅磚或黑灰色牆面。至於材料則會反映在價格上，從金屬、木頭甚至是水泥、油漆，都會因為功能或材質不同而產生價格上的差異，依預算選擇自己可負擔的即可。

▲ 如果預算有限，利用現成家具及一致色系，也能打造品味空間。

❸ 計算家電費用，並選擇櫃體種類

家電也是一筆不小的花費，其中又以空調或全戶除濕機占比最重。空調的管線與戶外機的位置，在一開始就要想好，並在工程期間就先選好冷氣型號。我自己認為，裝潢省下來的部分，可以用來買好一點的家電或家具，因為這些都是可以讓生活更便利的工具。至於收納，如果不想找木工師傅施作，可以買現成的櫃子組裝或是做系統櫃。系統櫃的好處是可以完全不浪費空間，但施作的時間跟費用一定比買現成的櫃子要來得貴。若想省錢，建議可部分用系統櫃、部分買現成，因為即使是現成的櫃子，也可以隨著裝潢風格做變化。

❹ 區分工種，簡單的工程不妨自己來

有些簡單的工程，如油漆、DIY 地板等，如果有時間，不妨考慮自己做，或是沿用原來的亦可。油漆或壁紙相對簡單，直接貼一些系統板材，也能做出不同風格及質感；天花板、燈具若要自行施作，難度較高，如果認為無法勝任，建議可自行買好燈具，再請師傅安裝。

❺ 決定要發包或統包

統包是找一名師傅或設計師，負責統籌所有裝潢事宜，我們只要出錢即可。發包又稱小包，就是將個別工種單獨發給不同的單位負責，這樣可以省下統包的服務費用，缺點是要花很多時間監工。我建議，若是很忙碌的人，透過統包來完成裝潢會比較省事，因為監工要盯的瑣碎事務真的不少。

總結來說，我自己估過，如果是 15 坪的空間，花費約 50 萬元，若是預算很吃緊，30 萬元內也可能完成。對於預算有限的人來說，不妨參考上述方法，為自己打造理想空間。

---

35 房屋小知識　💬 如果預算夠，1 坪抓 5 萬元較保險

很多人會問，若不論省錢的做法，裝潢費該如何估算？比較建議大家分類、分項抓預算，例如最基本的室內天花板、地板、牆壁做好，抓至少 1 坪 3 萬元，再來分區，例如浴室、廚房、陽台或臥室，分別去抓設計、木工、家電的預計花費，加起來就可能是需要花的錢。這樣算下來，一般 20 坪的室內空間，抓 1 坪 5 萬元是較標準的做法。

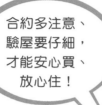

合約多注意、
驗屋要仔細，
才能安心買、
放心住！

PART 5

你可能想知道！
其他關於房屋的知識

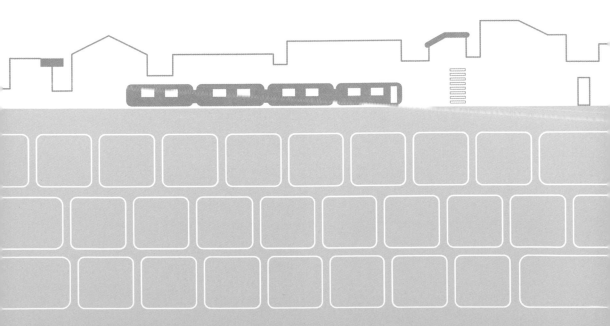

知識 1

合宜住宅、社會住宅，有什麼不同？

　　近幾年社會住宅、合宜住宅或是青年住宅等議題沸沸揚揚，在新聞上不時可見到相關內容的報導，提供想買房或租房者另一個選擇。但這幾個名詞到底有什麼差異呢？我們可以先看下表：

	合宜住宅	社會住宅	青年住宅
主辦單位	內政部	內政部	公共工程委員會
買賣	可買賣	只租不賣	只租不賣
定義	政府提供土地，由民間廠商興建可出售的公共住宅，提供無自有住宅的中低收入家庭，以合宜價位購買	政府或獎勵民間直接興建「只租不賣」的公有住宅	改裝現有閒置空間為主，以年輕時尚、交通便捷為規劃方向
案例	板橋浮洲合宜住宅、林口合宜住宅	台北市明倫社會住宅、新北市林口世大運社宅	規劃中

很明顯可以發現，合宜住宅可以買賣，另兩種則是採「只租不賣」的模式，而這類型由政府主導的大型集合式住宅，它們存在的主要目的與意義，就是為了讓一些低收入戶或是經濟條件較差的家庭，可以用相對低廉的價格，取得整潔、舒適的生活環境，提生整體生活品質。

合宜住宅推出時，因房價較周邊建案低，儘管有申請上的限制，當年仍吸引大批符合資格的民眾抽籤購買。**不過，為防止抽中後轉賣並炒作房價，因此有 5 至 10 年的禁售期。**但在相關弊案爆發後，內政部已不再推出類似政策。雖然如此，另一種「只租不賣」的社會住宅仍開放大眾申請。

社會住宅的申請流程，其實每個地方的條件與方式都不太一樣，但基本上大方向不變，在「內政部不動產申請平台」上即可看到。首先各地方政府會在網路上公告申請辦法，接受所有符合條件者遞件申請，管理單位會依照申請表作資格審查，之後抽籤，抽中者可保證承租 3 年，待資格審查通過後，可續約 6 至 12 年不等。社會住宅租金相對低廉，也會部分配給低收入戶或特殊條件族群，藉此實現居住正義之理想。

▶ 社會住宅褒貶不一，承租前不妨多方打聽

在房價高漲的現在，買房確實不是一件容易的事，社會住宅的出現便給多數人一個心理支持，只要你符合資格，就有機會入住一間各方面條件都不錯的房子。其次，社會住宅是由政府擔任出租方，相對來說較穩定，不用擔心房東可能隨時會收回房子。對於想買房的民眾來說，社會住宅的租金不會連年上漲，在居住期間也能有餘裕存錢，實現未來買房的願望。

雖然如此，看起來立意良好的社會住宅，剛開始推行時也招致許多批評。像是曾傳出還沒交屋就有漏水問題，或是在還沒提供工程設計圖的情況下，就直接施工。沒有工程設計圖，那就是任工人隨意施工，之

後也沒辦法點交，因為根本沒有依循的標準。

再者，社會住宅會保留一定比例給特定族群，素質參差不齊，加上居住習慣、生活作息的問題等，容易形成各種抱怨。諸如此類問題層出不窮，外界自然對於社會住宅的品質產生疑慮。不過，我也曾收到網友的反饋，他們一家人是社會住宅的住戶，他認為建材或許談不上高檔，但對比之前已提升許多，整個社區的管理、安寧及整潔等都很不錯，再加上和附近區域相比，租金相對便宜，整體來說 CP 值極高。

因此，如果想承租社會住宅，不妨多至現場走動、詢問，多看多比較，才能住得安心又放心。

**35 房屋
小知識** 💬 **如果沒抽中社會住宅，可以申請後補嗎？**

如果你想入住社會住宅，相信一定會好奇，若沒抽中，是否能排隊後補呢？答案是可以，政府會將你的名額列入遞補名冊，只要未來有住戶提前搬走，便會按遞補順序通知。一般戶的後補期限為 2 年，有弱勢身分的特殊戶則為 5 年，只要願意等待，還是有機會能入住。

 知識 2

由租轉買，
自己當房東可行嗎？

　　我相信會留意買房訊息的朋友，有很多都是租屋族，尤其是由外縣市到雙北工作的朋友們，在還沒有存到頭期款之前，一定都是得拿薪水中的一大部分租房，期待有一天存到一筆足夠的頭期款，由租轉買。但有時看著台北市動輒上千萬的房價，不禁望而生嘆，到底何時才能買房呢？

　　因此會有一派人用另外一種方式計算，認為租房 40 年的租金，怎麼算都比買一間同等條件的房子便宜，也不用被房貸綁得死死的，還能換得享受生活或其他投資的機會。我不能否認有這種觀點存在，也因為每個人的主客觀條件不同，究竟是一輩子的「租屋派」好，還是終究買房，背 30 年房貸划算，並沒有標準答案。正因沒有人能給你答案，所以我才會告訴大家，**一定要清楚自己的購屋動機、經濟條件等，才能確定到底要「買」或「不買」房**，別做出讓自己難以負荷後果的決定。

　　不過，若你現在是租屋族，相信一定曾有過「我的租金都拿來幫房東繳房貸了」的想法，進而興起「租不如買」的念頭。不過，這個方式真的可行嗎？以現在的房貸利率來說，由於利率低，確實是進場的好機會，若你是想自住，依照前面介紹的方式找房即可，但如果是想投資，自己當房東呢？

▶ 想由租方變買方，得注意四件事

我的好朋友艾兒在台南讀大學，當時南北房價落差很大，因此她想著如果房價尚在家人負擔範圍之內，與其用房租幫房東付房貸，倒不如自己買一間，還可以順勢租給同學，或許是個一兼二顧、穩賺不賠的投資。

因此她在大學時努力存頭期款，終於在畢業那年買了一間300萬，且位於學校附近的房子，並在下學期開學後招租，沒想到第一天就吸引20組人來看房，沒多久就順利將房子租出去，她也正式成為包租婆。

艾兒首次的房地產投資之所以能成功，主要還是因為她看到「房價」、「租金」與「房貸」間的投報差異，她也很有意識的計算自己的能力範圍，再進一步鎖定適合的產品，最終找到投資標的。不過，並非每個人都能像艾兒這麼幸運，如果想要遵循她的路徑，用投資的心態讓自己「從租方變買方」，有幾點建議要提醒大家：

❶ 入手區域要有地緣關係

艾兒第一次買房是因為學區關係，所以買在南部，但之後都買在北部。主要入手區域仍選在她的成長環境、上班往返通勤必經之地，或是預估之後結婚購屋的區域等。在哪裡買房其實沒有絕對好壞，但如果不知道怎麼評估，建議可以從周圍的嫌惡設施、生活機能及地理環境看起。

❷ 嫌惡設施會影響房價

房地產市場裡有許多嫌惡設施，簡單來說，就是在你的住處附近，有會影響房價或生活品質的設施。不過，嫌惡設施在眾人心中其實定義不同，如果你是一個怕吵的人，但你家旁就是高架道路，一開窗就會有噪音，空氣也不好，那這個設施對你來說就算是嫌惡設施了。再來像是高壓電塔、熱炒店、寺廟、資源回收場等，在每個人心中的接受程度不一，建議衡量自己的生活習慣再來篩選。

▲ 機場附近容易有起降聲，如果對噪音敏感，這也算是嫌惡設施。

常見的嫌惡設施

類型	說明
特種行業	出入複雜，會影響大樓安全、居住品質類型的行業，例如酒店、三溫暖、按摩業、舞廳、賓館等。
特定行業	其商業行為會對居住安全或品質產生疑慮的行業，例如電動玩具店、瓦斯行、加油站、爆竹加工廠等。
宗教建物	神壇、廟宇、宮廟、教會等。
機場、鐵路、高架捷運	行經或起降噪音大，私密性差。
墓地、葬儀社、納骨塔	一般人認為陰宅、墓地的陰氣太重，容易造成心理不安穩，忌諱與相關產業為鄰。
高壓電塔、變電所	指建築物本身為高壓電塔或發電廠所，容易對安全或建物造成影響。
高架橋	噪音、粉塵及私密性差，容易影響居住品質。

❸ 盤點生活機能

一般來說,大家會比較在意有無美食或公園綠地,但「符合需求」的生活機能也很重要,不過這個可能是很多人在看房時,比較容易忽略的。如果是考量學區的家庭,雖然學校的選擇很重要,但也得一併考慮作息,因為學區附近通常早上 7 點開始就會有大量車潮湧入,其他像是上課鈴聲、玩樂聲等,都會影響日常生活。

❹ 評估地理環境

除了要注意房屋位置是否容易形成水氣、霧氣,或是淹水外,如果你有風水學上的禁忌,也得一併考慮。像是只有一個進出口的「無尾巷」(俗稱死巷),這種地理環境在風水上來說,**代表「財庫只出不進」,但就居住安全而言,非常不利於逃生,需特別注意。**

▶ 這樣看下來,買比租好嗎?

買房的優點當然是你可以有家的感覺,如果你是個很注重生活風格的人,買房對你來說就能維持生活品質。但缺點也很明顯,必須一次拿出大筆金額,可能會在無形之中失去其他投資的機會。

租房的優點當然很簡單,相比買房,經濟負擔會比較少,一樣的資金可以住在比較好的地點,或是可以一直換環境,體驗不同的居住感。而其缺點自然就是房子終究不是自己的,很容易受制於房東,也無法隨心所欲的裝潢。每個人的價值觀都不同,買不一定比租好,但租也不見得比較差,挑一個適合自己的生活方式最重要!

 **知識 3**

如果想賣房子，
該怎麼做？

　　雖然這本書主要是在教大家聰明買房子，但只要有買就會有賣，未來當你想換屋時，可能也會從買方變賣方，由於大多數人仍會選擇委託仲介，因此本篇將簡單說明，當你想賣房時可以怎麼做。

　　當你將物件委託給仲介時，通常有兩種合約可以選擇，包括一般委託約與專任委託約：

【一般委託約】

　　即開放各大品牌仲介一起銷售，屋主不但能同時委託多間仲介公司，也能同步利用各種管道，像是刊登在售屋網站、親友介紹等方式賣屋，沒有太多限制。

【專任委託約】

　　就是只有單一窗口，屋主通常會選擇自己信任的品牌或是熟識的仲介交付物件，其他人沒辦法介入。

　　這裡你可能會想了解，這兩種合約對屋主來說最大的差別是什麼？簡單來說，一般委託約的曝光率較高，但也有可能讓屋主不堪其擾；專

任委託約的市場價格比較能夠一致。這又是什麼意思呢？

　　仔細想想，一般委託的物件可以在各大購屋平台、通路上看到，可能同時有十幾位仲介在幫你行銷，自然能夠吸引較大量的人潮來看房，但這也代表你可能一天會接到十幾位仲介的來電，要約帶看、談價格、回報買方意願等。

　　若是專任委託，在市面上只有一間公司獨售，價格也只需要對應一個窗口就可以，比起一般委託可能為了搶成交，每位仲介都來跟你談降價、談市場競爭力，慢慢地，你可能就會因為這些說法讓價格鬆動，甚至到頭來房子還沒賣掉，成交價就已經與原本預設的不同了。

　　不過，專任約或一般約可以隨著屋主的需求變換嗎？答案是，當然可以。屋主絕對有權利在任何時刻，與仲介解除專任或一般委託關係，也就是說，若你最後想把房子拿回來自己賣，也是可以的，只是要承擔較多風險。

▲ 一旦接到買方委任，仲介會透過各式管道來推銷房子，以利成交。

 **知識 4**

不小心買到凶宅，
怎麼辦？

對買房族來說，最害怕的大概就是買到凶宅，住進去後發生一些科學難以解釋的現象。凶宅在市場上要買賣轉手，對一般人來說有很大的心理障礙，不過，如何知道現在看的這間房是否為凶宅，或什麼樣的狀況會被認定是凶宅呢？

首先，凶宅的定義是屋主在持有產權的期間內，其建築物包含主建物跟附屬建物，有非自然死亡之情形。舉例來說，大概包含上吊、他殺如凶殺、竊盜殺人等，但火災、地震、淹水等就算是意外，不屬於非自然死亡。

因此，有時候你認為的凶宅，可不一定是凶宅。假設該房屋之前曾發生過有人被砍三刀，但還有呼吸，送醫急救後在醫院過世，這樣算凶宅嗎？還是到院死亡呢？如果回到凶宅定義，這樣當然不算，但很多買家會覺得心裡不舒服，畢竟案件是在房屋內發生的。

也有人會詢問：「我想買的房子隔壁有非自然死亡的案例，算是凶宅嗎？」答案是「不算」，只是多數人可能在買房時，會因為上述事件而擔心。如果案件在中庭發生，那心裡的陰影面積可能就更大了。

容易發生爭議的情況也不少，假設是在 10 樓屋主家跳樓，但在 3

樓露台、1 樓中庭往生，那凶宅的地點是屬於 10 樓、3 樓還是 1 樓呢？這在法院及內政部判定下常有不同看法，說法也不一致，這也是有些人不喜歡露台的緣故，因為風險比較高。當然，一定會有人以這類非自然死亡事故向屋主殺價，作為折價的手段之一。

不過，凶宅買賣在市場上仍有行情，會有特定人士購買。如果是一般人想要進入這個市場，又該怎麼出價呢？**在法院認知上，凶宅其實並不會折損房價**，因為以科學的角度來看，這件事情的發生並沒有讓房屋的整體結構受損，比起顯而易見、容易調查的氯離子超標、鋼筋外露、海砂屋或輻射等問題，「鬼魂」的存在很難判定，所以房價究竟會不會折損，我自己認為這是認知問題，沒有一定，端看雙方談判價錢的過程與籌碼了。

▶ 若房屋曾發生凶殺案，必須寫在不動產說明書中

雖然法律沒有規定凶宅一定要降價出售，但根據內政部〈不動產說明書應記載及不得記載事項〉，在說明書內必須寫明「建物專有部分於賣方持有期間，是否曾發生凶殺、自殺、一氧化碳中毒或其他非自然死亡的情形」。**這其實就是說明在買賣時，必須告知買方凶宅事實，不可隱瞞。**

在法律層面上，確實也有賣方未詳細告知房屋狀況，買方事後才查明房屋為凶宅，進而控告賣方《刑法》的詐欺罪、《民法》的物之瑕疵擔保成立，請求價金返還等之判例，因此大家在買賣房屋時一定要留意。

Q&A 這些關於房子的問題，
Ted 一次解答！

Q1

什麼是「當層排氣」？

A：又稱單層排氣，是現今普及的排氣設備，廢氣會在當層樓排出，不會逆流回屋內。

　　主要設置在浴室，可讓居家的廢氣在最短時間內排出戶外，以維持乾燥衛生。和早期的排氣方式不同，不用透過共同管線排放廢氣，亦不會使廢氣回流。如果建案採用此種排氣法，表示屋內空氣不會和其他住戶的空氣流通，較能維持衛生與健康。

Q2

現在很多建案主打「防疫宅」，真的能達到防疫作用嗎？

A：只是透過附送的配備，如當層排氣等，達到輔助防疫的作用。

　　目前大部分的防疫宅建案會主打當層排氣、全熱交換器（透過機器將室外新鮮空氣與室內空氣進行交換，並同時執行熱交換，如同空調作用）等，目的都是為了讓空氣更清新、環境更舒適，但其實這些都只是輔助防疫，並不是住在裡面就能完全杜絕病毒，畢竟新冠肺炎是透過飛沫傳染，勤洗手、戴口罩才是有效防止病毒散播的方法。

Q3

有些建案會強調使用「SRC 鋼骨結構」，這是什麼？

A：即「鋼筋混凝土」＋「鋼骨」的制震結構。

此類結構的樑柱中間會以鋼骨支撐，外圍再用水泥包覆，而水泥中有許多箍筋，在樑柱斜角處也有繫筋，可用來穩固建築。特別適用於 15 至 25 樓的高樓層建物，也適合位於多震地帶的台灣。

Q4

制震宅、隔震宅，真的比較耐震嗎？

A：以建築工法來說，確實有一定的耐震程度。

台灣位處地震帶，在 921 大地震之後，無論是建商或消費者，都愈來愈在意建築物的耐震、防震程度，法規也在震災後有所修改，提高建築物的耐震安全標準，耐震係數愈高，代表建築物可承受的震度就愈高。

不過，建築物常用的制震、隔震，有什麼不同呢？制震用比較簡單的話來說，是透過裝備讓建築結構承受比較少的壓力，從而達到減震或避震的效果，例如在結構上做制震壁、制震柱，或加裝阻尼器等。

隔震則是在建築物的結構柱中加裝特殊建材，可以在地震發生時，在地面與建築物中間發揮緩衝作用，減低建築物的受力程度，搖晃程度不會那麼大。

我自己認為買總高超過 50 米，估算樓層大概是 16 層以上的建案會比較安全。依照法規，超過 50 米的建案就必須另外找第三方公正單位做結構外審，對建商來說就是成本考量。正因如此，不需結構外審的 14 或 15 樓商品，由於踩在法規邊緣，又塞入極限戶數，較不推薦。

Q5

看房時常聽到「建蔽率」，是什麼意思呢？

A：即建築覆蓋率，是指一塊空地上，可以蓋的建築面積大小。

每個基地都會有自己的建蔽率，公式如下：

建築面積＝建蔽率×基地面積

舉例來說，如果建蔽率為 70%，基地面積有 600 坪，其建築面積就是 600×70% ＝ 420 坪，剩下的 180 坪就會用來蓋花園、中庭等開放式的公共空間。

Q6

為什麼建案常跟 DM 上寫的不同？
如何辨別廣告資訊？

A：DM 上的警語、文案用字等，都能看出玄機。

廣告文宣多半是行銷話術，希望吸引你到現場看房，不過，目前因法規規定，與現實不相符之處，需加上「合成圖」、「3D示意圖」等警語。不過實際情況到底如何，必須要靠自己冷靜後理性分析。

在這裡分享給大家一個小小的心得。通常如果產品非常好，它不會用很隱晦的方式寫廣告文案，一定會大大標示出來，例如在信義區、101 旁的建案，就絕不會用很含糊的方式寫「位於台北市精華地段」，而是會直接寫「入主信義區最後一席」、「步行即到 101」，因為這些是絕對的「真牛肉」，本身條件很好就不需要隱藏。

如果條件不是那麼好，卻又想跟消費者溝通一些剛性需求時，就會用比較迂迴的方式呈現，例如「15 分鐘直達台北 101」、「30 分鐘遠離

塵囂度假宅」，把你很在意的交通及地理位置，化為相對優勢。這種寫法事實上不是在賣房子，而是在賣你一個夢想跟氛圍，仔細想想，訴求愈漂亮、愈有風景的文宣，通常都位在荒山野嶺，畢竟在寸土寸金的市區，也很難有這樣的景觀啊！

什麼是智能家居？能帶來便利性嗎？

A：**是一種透過物聯網將家中各種家電設備，包括照明、影音設備、空調等，全部集中在智慧型手機或平板電腦上來操作。**

在這麼多智能家居品牌中，我自己最鍾情 Apple 的 Homekit，畢竟可以在所有裝置型產品，包括 iPhone、iPad、Mac、Apple Watch 上操作，且每個傳送出去的訊號都會經過加密，安全跟隱私保障相對較高。以居住經驗來說，Homekit 也可以連結到保全系統，任何警報都會直接連動到警察局自動通報，如果是消防連動就會直接通知消防局，這對家中有老人小孩的居家安全來說，又是另一層保障。

就我看來，這種利用攜帶型裝置操作家中設備的居家生活型態，只會愈來愈普及，甚至目前有不少建案是主推智能家居，顯見這是不可抗拒的發展。在能帶來便利性、娛樂性及安全性的前提下，讓你可以花更多的時間在值得的事情上，何樂不為呢？

已經下訂房子，但貸款卻沒審核過，怎麼辦？

A：**先查清楚合約內容，再決定處理方式。**

一般來說，若申請貸款沒過，就必須自行補足差額。如果真的付不

出來想和建商解約，視合約內容，可能需付賠償金。因此建議下訂前，要先打聽當地銀行的鑑價行情，或在合約內註明「若貸款未達八成，契約無效」。

公共空間堆滿鄰居的東西，可以請管委會處理嗎？

：可以，這原本就是管委會的業務範圍。

《公寓大廈管理條例》第 16 條第 2 項規定：「住戶不得於私設通路、防火間隔、防火巷、開放空間、退縮空地、樓梯間、共同走廊、防空避難設備等處所堆置雜物、設置柵欄、門扇或營業使用，或違規設置廣告或私設路障及停車位侵占巷道妨礙出入。」

因此你第一時間可以向管委會反映，但如果這個住戶不願意聽從，管委會確實沒有辦法強制沒收他在公共空間堆積的物品。不過如果住戶的東西已擺滿整個消防通道，也可以拍照寄給工務局，匿名舉發。工務局第一次會先警告違規住戶，第二次就會罰款，根據我朋友的經驗，這個是絕對有效的方式。

請問有推薦的買房 APP 或是討論區嗎？

A：網路上資料非常多，依使用習慣選擇即可。

不論是房貸試算器或是購屋平台等，相關網站或 APP 都非常多，功能差距不大，建議選擇最符合需求且用起來最順手的版本即可。此外，35 線上賞屋也有「35 線上討論交流社團」，每天都有許多網友在上面互動，不妨多加利用。

筋膜放鬆修復全書

25 個動作，有效緩解你的疼痛！

以「放鬆筋膜」為基礎，
治療疼痛的必備自助指南。
一套符合全人醫療的身心療法！

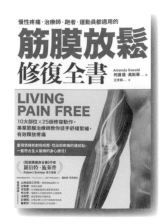

阿曼達・奧斯華◎著

好好走路不會老

走 500 步就有 3000 步的效果！

強筋健骨、遠離臥床不起，
最輕鬆的全身運動！
每天走路，就是最好的良藥。

安保雅博、中山恭秀◎著

斷食 3 天，讓好菌增加的
護腸救命全書

70% 的免疫細胞，都在腸道！

專業腸胃醫師的「3 步驟排毒法」，
有效清除毒素，7 天有感，3 週見效，
找回你的腸道免疫力！

李松珠◎著

體脂少 20%！
我三餐都吃，還是瘦 41kg

從 89 瘦到 48 公斤，增肌減脂一次完成！

海鮮鍋物 · 肉品蓋飯 · 鹹甜小點，
維持 3 年不復胖，
打造理想體態的 86 道減脂料理。

李姝婀◎著

日日抗癌常備便當

抗癌成功的人都這樣吃！

收錄 110 道抗癌菜色，
在每天吃的便當中加點料，
打造不生病的生活。

濟陽高穗◎著

哈佛醫師的常備抗癌湯

每天喝湯，抗肺炎、病毒最有感！

專攻免疫力、抗癌研究的哈佛醫師，
獨創比藥物更有效的「抗癌湯」！
每天喝 2 碗，輕鬆擊退癌細胞，越喝越健康！

高橋弘◎著

因為整理，人生變輕鬆了

減量，是一種生活練習！

幫助 2000 個家庭的整理專家，
教你從超量物品中解脫，
找回自由的生活！

鄭熙淑◎著

我也不想一直當好人

帶來傷害的關係，請勇敢拋棄吧！

沒有任何一段關係，值得讓你遍體鱗傷。
幫助 3000 人重整關係的心理諮商師，
教你成為溫柔但堅決的人！

朴民根◎著

我微笑，但不一定快樂

不快樂，是可以說出來的事！

最暖心的暢銷作家高愛倫，
寫給憂鬱者、照顧者、陪伴者的理解之書！
她想告訴你，憂鬱真的不可怕。

高愛倫◎著

國家圖書館出版品預行編目資料

〔圖解〕35線上賞屋的買房實戰課/ Ted著 .

初版 . 新北市 . 聯經 . 2021年5月 . 224面 . 17×23公分（圖解）

ISBN　978-957-08-5790-0（平裝）

［2023年1月初版第六刷］

1.不動產業

554.89　　　　　　　　　　　　　　110005916

圖解
〔圖解〕35線上賞屋的買房實戰課

2021年5月初版　　　　　　　　　　　　定價：新臺幣380元
2023年1月初版第六刷
有著作權‧翻印必究
Printed in Taiwan.

著　　　者	Ted	
叢書主編	陳　　永　　芬	
採訪撰文	陳　　書　　榕	
校　　對	陳　　佩　　伶	
封面攝影	力馬亞文化創意社	
造　　型	小年的新娘秘密花園	
圖片提供	Shutterstock	
	Pixabay、ingimage	
內文排版	綠貝殼資訊有限公司	
封面設計	ＦＥ設計工作室	

出　版　者	聯經出版事業股份有限公司	
地　　　址	新北市汐止區大同路一段369號1樓	
叢書主編電話	(02)86925588轉5306	
台北聯經書房	台北市新生南路三段94號	
電　　　話	(02)23620308	
郵政劃撥帳戶第0100559-3號		
郵撥電話	(02)23620308	
印　刷　者	文聯彩色製版印刷有限公司	
總　經　銷	聯合發行股份有限公司	
發　行　所	新北市新店區寶橋路235巷6弄6號2樓	
電　　　話	(02)29178022	

副總編輯	陳　　逸　　華
總　編　輯	涂　　豐　　恩
總　經　理	陳　　芝　　宇
社　　長	羅　　國　　俊
發行人	林　　載　　爵

行政院新聞局出版事業登記證局版臺業字第0130號